大展好書 好書大展

大展好書　好書大展

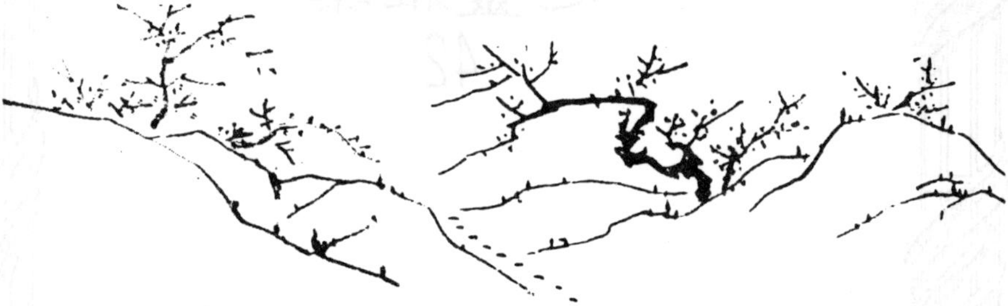

作者簡介：

劉欣如：一九三七年出生、新竹縣人。

曾任教台灣大專院校講師及福嚴佛學院。現在旅居美國洛杉磯市，擔任美國佛教宏法中心總編輯。譯作有：『阿含經與現代生活』、『佛教說話文學全集』（一～十一集）、『業的思想』、『大智度論的故事』、『釋尊的譬喻與說話』、『唯識學入門』、『唐玄奘留學記』、『喬答摩佛陀傳』、『佛教的人生觀』、『現代生活與佛教』等，並有佛教散文發表於國內外佛學雜誌。

序(一)

劉欣如先生，出生台灣省新竹縣，曾任小學敎師及大學講師，業餘從事翻譯與寫作。一九八三年以來，旅居美國洛杉磯，與友人共創「美國佛敎宏法中心」，餘暇致力於佛書的編譯，已出版有「唐玄奘留學記」、「現代人的佛敎」、「佛敎的人生觀」、「現代生活與佛敎」、「喬答摩佛陀傳」、「《阿含經》與現代生活」、「怎樣活用佛陀的智慧」等書，皆為暢銷一時的優良讀物。此外，由佛光山出版社出版的「佛敎說話文學全集」，更是廣受讀者的歡迎。

欣聞劉先生正着手將以往在「覺世旬刊」、「妙林」、「菩提樹」、「獅子吼」、「慈雲」、「南洋佛敎」等雜誌發表過的精闢佛敎散文，整理成册，以為發行;他又埋首翻譯了「大乘佛典導論」，也即將出版。讀者們有福了。

此行來美，甫抵洛城，即應邀為劉先生作序。有感於在物質重於精神，功利主義盛行的美國社會裡，劉先生以一介佛敎徒，不計名利，不為得失，以文字般若弘揚佛法不遺餘力，可感可佩，遂義不容辭，為他作序。

翻閱劉先生的作品，無論翻譯或著作，為文簡潔明瞭，不加修飾，率性道來，令人感覺非常親切。從一系列佛教的生活智慧到佛教人生觀的發表文章，在在顯示劉先生悲天憫人、關懷社會的胸懷。《華嚴經》、《大般涅槃經》、《六度集經》、《大智度論》等大經大論的精華躍然於紙上。凡他引用之故事，篇篇精采，發人深省。不必說教，就能令人深深體會佛法的大意和修持的妙處。期盼劉先生的大作能早日出版，讓讀者們從中擷取累累的果實吧！

一九九二年九月

星雲　於西來寺

序(二)

一九八五年八月，我在洛杉磯法印寺，結緣一群善知識，劉欣如居士是其中之一。之後，我和他們登記籌組「美國佛教宏法中心」，會中推薦我擔任會長，直到現在。其間，劉居士負責文宣和編輯。雖然，他平日忙於旅館事業，每有餘暇，卻全力奉獻於宏法中心的寫作、出版，至今仍然不曾間斷。

「宏法中心」成立兩年後，劉居士首先出版「《阿含經》與現代生活」，內容淺顯易懂，極適合初學佛的人，結果，很快一版再版，但都屬結緣贈送，不收稿酬。之後，蒙台灣普獻法師所主持的「無量壽出版社」的資助，陸續出版「唐玄奘留學記」、「現代人的佛教」、「般若心經與美滿人生」、「現代生活與佛教」、「佛教的人生觀」、「怎樣活用佛陀的智慧」、「喬答摩佛陀傳」等書，都出自劉居士的手筆。同時，他也在佛光山出版「佛教說話文學全集」（共十一册），膾炙人口，受到廣大佛友們的喜愛。

另外，他平時也在國內外佛學雜誌，例如「獅子吼」、「南洋佛教」、「菩提樹」、「妙林」、「慈雲雜誌」、「覺世」等處，發表佛學散文，吐露自己十年學佛心得。他寫的文章內容，最大特色也是淺顯實用，而不在研討佛學，或引經據典去考證佛理。一切資料都取自日常生活，旨在論釋佛法不離世間法，詳述世間各種現象，都能靠佛法來破解，反證人云亦云，和常識上的論點，究竟都不是圓滿的答案。尤其，從他的作品裡，不難看出佛教不是談玄說妙，而是日常生活能夠實踐的寶典，所以，誰若讀完這些書後，都會有很多受用。

據我所知，許多初學佛的人，也難免誤解佛教，才不懂得處理實際生活的煩惱，例如煩惱的起因、性質和消滅的方法。當自己在看報紙或聽新聞時，常常迷惑於假相，不知緣起緣滅，而視它們為實相，執着一切，才造成根本苦惱。諸如這些例證的解說，也可從本書裡領悟得到。

無疑地，在美國宏法會碰到數不盡的辛酸、挫折，但前景是光明的，我們有信心發現佛教在美國的生存空間，不會比美國傳統的宗教遜色。毋寧說，也許有過之而無不及。一般說來，美國人比較習慣理性，有較多知識階級傾向真理，只要認知佛法符合真知灼見，首先，會很快的在大學裡講授，並接受挑戰。這樣，就不難找到立足和發展的機緣。但是，若要達到這些目標，不能仰賴奇蹟和僥倖，而絕對要依靠許多善知識來落實和努力。幸好，我們佛教宏法中心的同修們，都懷有這項共識與理想，明知這是一條漫長、艱辛的路程，無如，凡事總要有人肯做第一步，以後才有人做第二步和第三步……，同時，我們也只盼量力而為，即使只能邁出一小步也不妨，讓第二步、第三步和以後的路子，因緣際會時，由別的佛友們來繼續。當然，劉居士也一直熱心參與這項事業，而不會途中退卻。

我謹代表「美國佛教宏法中心」幾位同修，表達由衷的鼓勵，說幾句肺腑的話，當做簡單的序文。

洛杉磯佛教聯合會
美國佛教宏法中心
會長　釋照初
一九九二年九月十日於菩提寺

自序

學佛不太論資歷，但屈指一算，我學佛也快十年了。皈依後，我匆匆來到美國。剛來兩年裡，除了奉行師父——真華上人的臨行贈言：「老老實實唸佛」，我實在沒有時間讀佛經或看佛書。但因緣不可思議，我在洛城法印寺遇見幾位善知識，繼而組辦「美國佛教宏法中心」，才在餘暇譯佛書和寫作，一直持續到現在。

最近一年，我特別留神世上發生的各種事情到底跟佛法有什麼關係？換句話說，我一面仔細地生活，一面觀察佛法與生活的關係。因為我對佛學沒有深入研究，實修功夫也不足，自然在這方面的觀察也不夠周延和精闢。不過，這些散文內容，都是我自已體驗佛法的心得，談不上知見或正見，只是拋磚引玉，想引起更多大德們來談論佛法，尤其是生活性的佛教內容，便於接引初機者和想要學佛的有緣人。

因為我學佛後，一直住在加州洛杉磯，沒有機緣參訪國內的高僧大德，聆聽他們的教誡和開示，始終覺得是一大憾事。不過，我卻有更多機會接觸異教徒，尤其是基督教與天主教徒，反而常常有比較教義和辯論的機會，結果，讓我更慶幸自己選擇了正確的信仰，也能體驗到佛法的殊勝與奧妙。

依我的淺見，佛教將來在美國的發展空間不會比在東方社會遜色。愈重視理性和知識的社會，愈能襯托佛教的殊勝、偉大，因為佛教的內涵豐富正確，將受到文明人的喜愛與擁護，自然不在話下。怕的是，沒有人才來宏揚而已。

起先，我比較熱衷佛書閱讀，喜愛究竟教理，直到自己發覺讀經研究，沒有解除多少煩惱，經過一番反省，始知自己陷入知識論裡，變成一個佛學研究者了。於是，我趕緊掉頭，轉向生活化的佛教。結果，才發現法喜充滿的感覺，原來出自「信受奉行」。

本著野人獻曝的心情，謹把這些心得提供初學佛的同修，希望一塊兒來享受法喜，豐富人生。

學佛裡，我很感激新竹福嚴佛學院師生的接引和栽培。在洛城時，「宏法中心」的同修們多方鼓勵與提攜，尤其，本書能夠出版，幸蒙大展出版社蔡森明居士協助，令我感激不盡。

劉欣如序於

洛杉磯

一九九二年十二月三日

目錄

基督的「博愛」與佛陀的「慈悲」

我不經心地調查過一次，我住的公寓上下，左鄰右舍，都是基督徒、摩門教徒和回教徒。只有我家是信佛的「稀有族裔」，幸好我們都能和平相處，沒有種族糾紛。其中，一對老夫婦叫做亨利，蘇格蘭籍，基督教徒，倒跟我特別投緣。每逢我黃昏漫步，站在花叢下發楞時，老亨利幾乎都會溫和地走上前來招呼，也許他不耐寂寞，心裡空虛。招呼一下，等於開了話匣子，雙方東西南北地聊起來。其中一定談到信仰，關於基督教，讓我反而從他的談話裡，比自己當年讀《聖經》所得到的還要多。

不過，他對佛教的粗淺認識，都是我一點一滴透露給他的。例如，有一次他說基督的博愛，跟佛教的慈悲一樣，都是勸人做好事，目的在救人，愛心平等、不分種族……乍聽之下，許多人都同意這樣解說，但懂得佛理的人，恐怕不會贊同，因為兩者不是那樣簡單，也不那樣似是而非。博愛與慈悲，不論對象、範圍和徹底的程度，都有極大的差別。

每當我們在這個節骨眼上有爭執，我一定竭盡所能，隨機觀教。我雖然不曾研究比較宗教學，幸好具備一點起碼的常識，自信能夠解釋清楚，請他做比較，也盼望他更了解佛法。

佛學字典上說，博愛只相當於佛教教義中的「慈」字，而慈即是真實友情，對其他所有人一律平等，而非對某些人特別有愛心。由此看來，博愛是人類極神聖又崇高的行為了。可惜，「慈」裡若無「悲」字，就不夠圓滿，有欠週延了。

因為兩者要相輔相成，才可能引起作用。本來，悲是呻吟的意思，表示對人間或自己的苦痛感受。只要深刻省察自身的苦惱，推己及人，才會產生友情，之後，慈愛一切衆生。可見，慈悲的程度與境界比博愛要高出一些。

再說得詳盡些，慈是慈愛衆生，給予快樂；而悲是同感其苦，憐憫衆生，並拔除他們的苦痛。佛陀的悲是，把衆生的苦，當做自身的苦，完全是同心同感的狀態，也叫做同體大悲，這種悲心實在浩翰無垠，故也叫做無緣大慈。

《大智度論》卷廿九裡，卻將慈與悲賅攝在無量心裡，而分別叫做「慈無量」和「悲無量」。

《北本大般涅槃經》卷十五記載，慈悲有三種：㈠是生緣慈悲，屬於凡夫的慈悲，也叫做小悲。㈡是法緣慈悲，屬於阿羅漢和初地以上菩薩的慈悲，又叫做中悲。㈢是無緣大悲，這才是佛所獨有的，也不是凡夫和羅漢等二乘所能生起的，因為它沒有分別心，絕對遠離一切差別，對待天下蒼生一定大慈大悲。

依我的淺見，世間的愛心和愛情裡，除了父母對子女，或男女熱戀時，盲目地喊叫：「生命誠可貴，愛情價更高。」不顧一切的私愛，以及少數人犧牲小我，完成大我等大愛以外，上帝或會神通者常都表現有條件的愛心和愛情，冤親有別，極難平等。而且，也只及人類，不周延到其他生靈。

表面上，神說對世人本著博愛心，其實也愛得不徹底、不究竟。例如有人活不到幾天就死了，有人卻長命百歲；有人一輩子貧病交加，事業多乖，而有人卻福樂雙全，無事不順。這樣看來，神或上帝的博愛，似乎口惠實不至，大讓不平者鳴矣。

在台灣，我讀過基督教大學—東吳大學，有一回團契，請到當時東海大學曾約農校長來演講，他曾說：「當仇人打你的左頰，你還要翻過右頰讓他打。」我聽了暗笑：「何必呢？」又有一次是，法國籍的穆神父親口對我說：「人要吃肉，因為要營養活下去。」當時，我們有一大群人去爬苗栗縣獅頭山，回程坐在峨嵋車站候車室裡，外面風雨交加，雷聲隆隆，他講得鏗鏘有力，讓我聽得一清二楚。

我始知：「上帝的愛心只對世人而已。」

以上兩事，一直留在我的記憶裡，不妨將它當做博愛的片斷補述。

天下眾生，都是佛的慈悲對象，而眾生卻有無數無量。誠如《大藏經》卷五上說，眾生有不可說，不可說的三千大千世界的微塵那樣多，而且都遭受輪迴的苦痛，沒有永恆的快樂，所以，都希望得到佛法的沐浴，達到解脫。《大藏經》卷八又說，六道輪迴裡，眾生的出生方法各有不同。諸天與地獄，都是化生；餓鬼有胎生與化生；人道和畜生，則有卵生、濕生、化生和胎生，但統統需要佛教的慈悲。所以，不論從高低、深淺、大小，和寬闊等方面說，佛教的慈悲，三天也說不完哩。

「慈濟功德會」的證嚴法師談到慈悲時，除了強調佛陀的「無緣大慈，同體大悲」以外，還呼籲國人要熱愛鄉土、愛文化、愛習俗……不是比「博愛」還要「博」的愛心慈心嗎？

從佛經裡，也能讀到佛教大慈大悲，對待衆生絕對平等的故事。例如《六度集經》第三有兩則是這樣的：

㈠、一隻烏龜正在烈日下曝曬，閉著無力的眼睛，任憑漁夫擺佈。一位佛友看了不忍心，跑前去向漁夫道：

「這隻烏龜要賣多少錢呢？賣給我好嗎？」

漁夫知道他心地仁慈，就故意答說：

「拾兩錢就賣給你，否則，我要煮來吃。」

佛友果然付出高價，買下來帶回家去，替牠洗傷口、擦藥水，然後放進海裡了。

佛友目睹牠歡喜地游走，自己也百感交集地說：

「事實上，無數的人們也處在無邊的苦惱裡，但願我能為悲苦的衆生，成為烈日下濕潤的雨水，成為海上漂泊者的筏，或充當飢餓者的食物，口渴時的清水，寒冷時的大衣，炎熱時的涼風，病患者的良醫，冥界中的光明。我更盼望將來往污濁世上成佛，救渡天下蒼生。」

慈悲人的心聲，吐露得明明白白，不是跟博愛的涵義不同嗎？

㈡、一位菩薩住在幽谷裡，但他常常以大慈大悲的心，同情衆生的生死苦惱。有一次，他發覺一隻虱子在自己衣服上築巢居住。因為身體癢癢，使他心地難以平靜。最後，他伸手抓住虱子，放在掌上時，心裡同情牠。當然也不忍心殺牠，就把牠放在一塊獸骨上。虱子幸得一命，在獸骨上連續吃了七天食物後，才自行離去。

慈悲的表現，不是無微不至，無所不包嗎？

由此看來，基督的博愛，那裏比得上佛陀的慈悲浩瀚和殊勝呢？

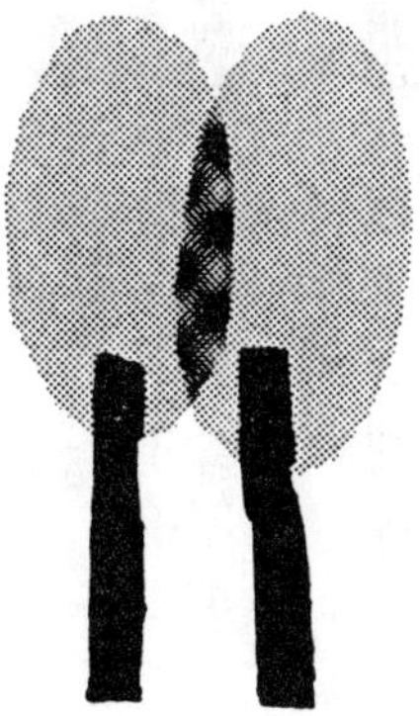

學佛要像「獨角犀」

報載日本鹿兒島一位名叫今給犁教子的女性，獨自駕駛帆船，環遊世界一週，消息傳出後，世人都忍不住喝采，尤其讓全世界的女性讚嘆極了。

當然，大家都佩服她的勇氣，能力和機智，而我卻更佩服她那顆不尋常的獨立心。因它不同於時下一般女性忙著約會、上卡拉ＯＫ、舞廳、逛百貨店……，她念念不忘實踐初衷——中學時代立下的壯志雄心，要獨自駕船環遊地球。據說她在孤獨的航海生活中，不斷自我反省，冷靜地追求生命的意義。這種作風不能說不是現代女性中的異數。

國人在規律化與平均化的教育體制下成長，很難得有獨立思考的能力與志氣，在金錢掛帥的社會價值觀裡，沒有幾個人看得破錢財關，誰不一天到晚忙著掙錢享樂？管它人生除了金錢以外，還有什麼目的？總之，這個年頭真難找到幾位稀有風範、特立獨行的人。

三十多年前，我還住在新竹縣的窮鄉僻壤，年輕人都想學校一畢業，就到城市求發展，誰也不願意留在鄉村，做個沒出息的人。

那時，台灣東部的開發和文化氣息，遠不如西部各個縣市鄉鎮。我想，東部的年輕人也一樣，都想從學校畢業後，趕快到西部闖天下，尤其想來西部大都會謀發展，殊不知當年的證嚴法師，卻獨具慧眼，一反常情，情願從西部跑到人地生疏的花蓮去修行，磨練自己的智慧、毅力與心志，正是《犀角經》所說，修行人要像獨角犀一樣，應該獨立修行，成就悟道。

佛教圖畫最常看見蓮花，例如觀世音和大勢至兩位菩薩，都出現在蓮花座上，諸佛更不在話下。因為蓮花出於汚泥而不染，具備芳香、清淨、柔和、可愛等四項德性。這也是獨立風範的真髓，可以永遠做佛教徒的榜樣。

釋尊在修道時代，許多修行人都崇尚苦行，以為那是求悟的門徑。事實上，也有些修行人純粹為苦行而苦行，不敢另闢途徑，恍恍惚惚過一輩子，甚至苦行到死也不得悟。只有釋尊覺得苦行的路，不是求悟的途徑，之後，他毅然離開，勇敢地另尋出路，這是一股非常殊勝的獨立心，若非有勇猛的獨立心，加上精進心和不退轉心，恐怕也難於成佛了。

我讀到《無量壽經》卷下，有一句話是：

「人在世間愛欲中，獨生獨死獨去獨來，當行至趣苦樂之地。」

心裡便有一股振奮，覺得快人快語，一點兒也不錯。獨生獨死獨去獨來，正是人生的縮影，我們看到這裡，難道不會警覺？而且，佛教大德也經常開示：「個人吃飯個人飽，個人生死個人了。」、「師父引進門，修行在個人。」

還有阿難尊者服侍釋尊二十多年，又是釋尊的堂弟，而且，阿難的資質也是最上等，多聞第一。照理說，他比別的同修具備不少優越條件。結果，修持功力也不比別人強，反而在結集裡，被大迦葉尊者當衆羞辱一番，之後才證得羅漢果，只怪他自己不用功，連釋尊也幫不上他的忙。

佛敎強調八萬四千法門，實際情狀的確這樣，衆生的根性、智力、資質、知識、興趣等條件都不一樣。學佛的人，不必看別人怎麼走，自己不考慮自身的條件，就跟著他們走。其實，有些人適宜進那個門，自己未必適合，自己要有勇氣決定自己該走那道門，不慌不忙，不亢不卑，俗話說：「條條大路通羅馬。」學佛也一樣，每一道門都能直達佛境，但是，一定要一門深入，不可三心兩意。同時，別忘了「天生我才必有用」，因為這是「衆生皆有佛性」的真正詮釋，牢記這些，就放心走自己的路吧！要知道，走路也要靠自己，而且，路也是人走出來的。

人生在世也一樣，不必盲從時尚，應該有獨立意志去開闢自己的天地。彷彿《犀角經》的秘訣，獨來獨往，仰不愧於天、俯不怍於地，何必在乎旁人閒言閒語，只問事情該不該做？值不值得做？自己能不能做？之後，雖千萬人吾往矣，猶如一位獨行俠，或一條硬漢，才符合獨立條件。

佛經常提到「犀角」，譬如一頭沒有束縛的鹿，在森林裡，為了找食物到處跑，那麼，有智慧的人，也要像獨角犀牛一樣，朝向獨立自由，勇敢前進。修行人若置身在一大群同修裡，連休息、起立、走路、出遊都不自由，常常要被人呼喚指使，不可能獨來獨往。這是一位佛學者對「犀角」的簡述。

總之，獨角犀是一種龐大動物，走起路來威風凜凜，給人勇敢、壯觀的感覺。尤其，牠有一隻尖銳勇猛的角，角尖沒有任何掛礙，象徵出家修行者的獨覺風範。

所以，佛教大德也常用「犀角」勉勵修行人，放下萬緣，沒有掛礙，獨來獨去，彷彿獨角犀牛一般才好。

那麼，我們學佛不也該像「獨角犀」一樣嗎？

怎樣安排人生期?

國內的生活富庶，也只是最近十幾二十年的事。回憶四、五十年前，委實跟現在大陸某些地方差不多，所以，我平常愛看大陸錄影帶，目睹他們生活各方面，吃的、穿的、住的和交通工具等，都是我兒時的體驗，無形中讓我跌入回憶裡，好像時光倒流幾十年以前。

說真的，在那貧困的日子裡，人生談不上什麼安排，年輕人也少有什麼壯志雄心，只知日出而作，日入而息，沒有三餐之憂，就很滿足了。做父母的也無所謂子女教育的煩惱，所有的價值觀念都很統一，一切行事遵循農業社會的老規矩，人生的計劃與苦惱並不凸顯，許多事情聽天由命，也不去操心未來變化。

在古印度時代，上層階級有一套「生活期」法，以今天的標準來看，雖然稍嫌古板，卻有它的正面道理，值得現代人參考。他們把人生活動分四期，若用現代的術語說，即等於一個人的童年、青年、壯年和老年。他們的生活期法是:

第一是學生期——這段時期要投師學藝，旨在研修「韋陀聖典」，或者學習一技之長。這一段也相當於現代的學生期。

第二是居家期——離開師父，回家娶妻生子、沿襲家業，有時祭祀祖先。這一段等於學校畢業後，到社會上謀生或創業。

第三期是林棲期——夫婦一起或自行離開世俗，住在森林，隱居或沈思一段日子。這一段堪稱工作假期，有人出國旅行，有人在家休憩。

第四期是遊行期——不再執着世事，獨自遊覽宗教聖地。這一段指退休後的家居生活。

現代義務教育頗長，學生期至少到十七、八歲，接著，到社會上謀生，再成家立業，所以，印度人的學生期跟居家期也類似今天的實情。而且，現代人比較懂享受，不會埋頭工作到不肯休憩，他們也有旅遊和渡假的習慣了。這一點跟印度人的林棲期也還吻合。依我看，國人對於遊行期的生活安排，就不當一回事，或者實踐不夠徹底了。

事實上，遊行期是人生非常重要的階段，相當於老年期，來日無多，往事已矣，乃是最應該反省的時候。在告別人生舞台的前夕，理應想一想還有什麼事應該做？有那些事要放下？時光不會倒流，歲月不饒人，心裡多少得有些準備才好。

根據印度人對遊行期的安排是，不再執着世事，應該多遊覽宗教聖地。說得淺顯些，就是什麼事都要看得開，放得下，並加強自己的信仰生活。學佛的人，要特別重視這一點。例如參訪古剎，多聽大德開示，可以豐富心靈生活。佛陀的教誡是，「萬般帶不走，只有業隨身。」倘若發現青、壯年時，忙於家庭事業，而疏忽了善業，如今所剩的歲月不多，再不設法彌補，恐怕會沒有機會了。

慈濟功德會的證嚴法師，曾在北區教師聯誼會上開示，人生彷佛一份成績單，在檢討成績時，若發現那門功課不及格要補考，就要特別用功。人生萬般，唯有一項帶得走——就是人生的成績單。人生的善惡成績單，就是我們要帶走的，要盡人生的本份，在僅有的日子裡，多種善因，才能結善果，也就是要帶走一份漂亮的成績單才對。

在法師的開示裡，最令人動心的，就是苦口婆心勸人要發大願心，她以自己為例，先要看重自己，才能發出一股至高無上的志願。

二十多年前，她不過是一個普通的女孩，但卻因一份不自量力的願，鍥而不捨地發展成今天的慈濟，海內外多達兩百萬名會員，而且天天都在增加中。結語是，有多大的願，就有多大的力。在遊行期照樣能發大願心，得到大力量，成就大善業，這是人生唯一能夠帶走的，其他俗緣、俗事都要看得開，不要執着。

星雲大師在「話緣綠」裡，談到人生除了生老病死四苦以外，還有一苦就是「比較苦」，與人比較或計較，會讓人苦不堪言。遊行期裡，更應放掉計較心。人比人氣死人，何必跟別人計較有多少財富?子女成就如何?比來比去一定得不到安寧的心。這是自找苦吃，不想想自己還能活多久?如果還熱衷財產、權勢和地位，那顯然沒有遊行期可言，也等於喪失人生最重要那一階段了。

人言不足畏

我第一次聆聽高僧宏法，是在阿罕布拉市立圖書館，那位法師是國內「元光寺」的住持——普獻法師。他要去南美洲，路經洛城時，由一位李居士安排，借用圖書館講解「怎樣提升生命的層次？」他說過一句話，給我留下極深刻的印象，就是：「要做事就別怕人講話。」當他口出此語時，說話特別用力。他半舉右拳肯定自己的意思，讓人一看，就明白法師是一位做事有擔當，和腳踏實地的人。

俗話說：「人言可畏」，恐怕每個人都有過切身的體驗，也遭遇到不同程度的困擾。尤其，中國人的社會不重視隱私權，不知道閒話會傷人的心。當年，我住的鄉下，還是標準的農村社會，左鄰右舍，好像吃飽沒事幹，特別愛東家長、西家短。任何芝麻小事，很快就鬧得滿城風雨，有時根本與事實脫節，純粹成了謠言，簡直讓當事人百口莫辯，蒙受不白之冤。總之，閒言閒話，不論褒貶，也都無聊透頂。

例如有一位鄰居的小姑娘，家庭貧困，不能上初中。當時農家收益，根本無利可圖，投下再多人力，也只能有白飯可吃，而零用錢和家庭開銷，非有人外出工作不可。不但穀賤傷農，而且那時也沒有工廠，連打工機會都難找。像她只有小學畢業的學歷，更難找得到滿意的事做了。後來，她隻身到台北，先投靠在親戚家裡，之後，好不容易才在車站附近一家西餐廳，找到廚房的打雜。本來，靠自己的勞力賺錢也沒有什麼不對，但是，風聲傳回鄉下，有人加油添醋，居然說她在台北當酒家女，試想一位清白的年輕姑娘，蒙受不白的謠言汚辱，聽了多麼傷心，甚至連家人也在背地裡被人指指點點。

結果，父母命令她另謀出路，別待在餐廳裡了。父命難違，她只好又找到幫傭的事。也就是做褓姆，主人夫婦都是高級公務員，看小孩和燒飯做菜，也是女孩子正當的職業，何況，主人夫婦對她非常友善，也很尊重她的意志。不料，鄉下人聽了又譏笑說：「做下女沒出息，不如回家做田事……。」

但是，她不理會別人的批評，只覺得這份職業對自己有益處，值得做下去。她一直待了六年，直到結婚成家。婚後，幸虧先生勤勞苦幹，起先只是一個工廠領班，但很受老板的賞識，不到幾年，升了廠長。那些鄰里村人一反常態，口口聲聲稱讚她：「因為她從小就肯吃苦，才會有福氣做了廠長夫人。」

如今這位小姑娘早已為人母，而且家境也富有了，但是，每當她回憶那段被人褒貶的經歷，也不勝唏噓，人間實在虛偽得可怕，若非自己有堅定的信心與意志，也很容易被人說得徬徨無主。

政治上尤其苛薄，所謂勝者為王，敗者為寇，這些褒貶沒有絕對的客觀標準，也實在不值一顧。例如孫中山先生當初革命，到處演講中國的危機，國民要趕快醒悟，結果，被人譏笑爲「孫大炮」或「四大寇」，飽受冷嘲譏諷，直到革命成功。民國成立，他被推舉為第一任大總統才得到萬民歡呼，人人讚嘆。倘若他早年被那些風風雨雨的閒話困擾，而失去鬥志的話，也不能成為歷史上的偉人了。

曾幾何時，國內在解嚴以前，百姓沒有言論自由，許多民主鬥士，快人快語，也都被抹黑和醜化，成了江洋大盜，也彷彿過街老鼠，人人喊打。誰知時代的民主浪潮擋也擋不住，直到言論開放，他們得到平反，當年坐牢逃難的經歷，反而成了豐富的競選資本，有些人當選後，還不是成了民主先驅。總之，政治殘忍無情，所謂英雄草寇，或任何刻意的歌誦、謾罵，也會時過境遷，成了明白黃花。難怪有人嘆息：「百年內沒有歷史可讀。」也是蠻有道理的警告。

外交界流行一句：「既無永遠的敵人，也無永遠的朋友。」可知今天的好友，也許會成為明日的心腹大患；而今日的敵人，不久也許結為伙伴，口徑一致對外。

因為國際社會完全講利害，那有真理和正義？外交辭令再動聽，也是剎那的，聽了不必得意，因為誰也不能保證那時會反唇相譏或破口大罵？最要緊的，莫過於自己的信心和決心要堅定，不要被動搖。佛教的旨意是：「心不能隨境轉」，豈可因為別人的好話或壞話而左右自己的理想與目標？

《法句經》有兩首偈語，最有參考價值，因為它也道盡毀謗與稱讚，不足介意，只有相信自己，才是根本立場。

「阿睹拉，這是自古就有，並非始於今日，

默坐者受謗，多語者受謗，少語者受謗，

世界上沒有不被毀謗的人。」（二二七）

「完全被毀謗的人，或完全被稱讚的人，

過去和將來都沒有，現在也沒有。」（二二八）

沈默會被人罵，話多也一樣，少許更難免，會被批評為誠意不夠，反正什麼態度都會被人指責，自古以來，都是這個樣子。佛經有一則例證，也足以發人深省：

且說一對農夫父子，做完田裡的事，牽著一頭馬回家。路上有人譏笑說：「真傻，讓馬背空著，騎上馬，才不累呀。」

兒子聽了，立刻請父親上馬，自己牽著馬趕路。不料，前行的人回頭指責做父親的說：「你真殘忍，讓孩子走路！」

父親聽了趕緊下馬，將兒子推到馬上，改由自己牽馬了。可是走了一會兒，又有路人笑他們說：「讓老父走路，年輕人反而騎馬，真是不孝啊。」

兒子聽了滿臉通紅，立刻跟父親商量，怎樣避免別人的指責才好呢？結果，父子一齊騎在馬上了。他們心想，這樣應該沒有人會講閒話吧！誰知走了片刻，又有路人指責說：「兩個大男人騎在一隻馬背上，心腸多麼殘酷，那隻馬也夠倒楣了。」

父子聽見路人紛紛批評，語氣頗為激烈，經過一陣商量，父子只好將馬兒合力抬著回去。不料，大家看了大吃一驚，同時，也哈哈大笑……簡直豈有此理嘛。

從這件例子裡，可以反映一個事實，也是我們必須要學習的——「要做事就別怕人講話。」這是生活的重要哲學，做人處事如果不堅持原則，下場就彷佛那對農夫父子，騎馬也不是，牽馬也不是，抬馬也不是，不知如何才好？這種苦惱完全要由自己負責。

第二首偈語指出，任何時代都沒有人會一直被輿論毀謗或讚美的，原因是，凡事都見仁見智，各人的觀點不同，之所以如此，又涉及各人的出身背景、教育程度、嗜好品味、男女性別與年齡大小……等條件不一樣。

釋尊當年宏法時，社會上的民情思想與觀念價值也很混亂，所以，連釋尊也難免遭到異教徒的指責誹謗。這些史實可從佛經裡看得很明白。例如有一天，一個婆羅門教徒，對釋尊惡言惡語，這時，釋尊並不吭氣，任由對方謾罵，反而表現出睿智和機智。釋尊聽完對方的話，中間不插口反駁，之後才冷靜地問他：

「你有時可能送東西給人，倘若對方不接受，你要怎麼辦？」

「那只好作罷，我拿回來算啦。」

釋尊微笑點頭說：「那麼，你剛才給我的惡語，恕我不接受，原物拿回去吧。」

那個婆羅門一時語塞，因為釋尊回答得太好了。

有時，人的心一刻千變，不能堅持很久。雖然，我們不能要求對方持久不變，而對方也做不到時，毋寧說，培養自己的不動心，不要輕易動搖才是最根本辦法。

民間有兩句話：「花無百日好」、「知人知面不知心」，都指出自己能夠八風吹不動，儘管外境千變萬化，自己要照樣心如止水，心不被外境所轉，繼續向既定目標邁進，才能成功。《法句經》上說：「自為自保護，自為自依怙，汝應自調御，如商調良馬。」這才是自己做人處世的原則。

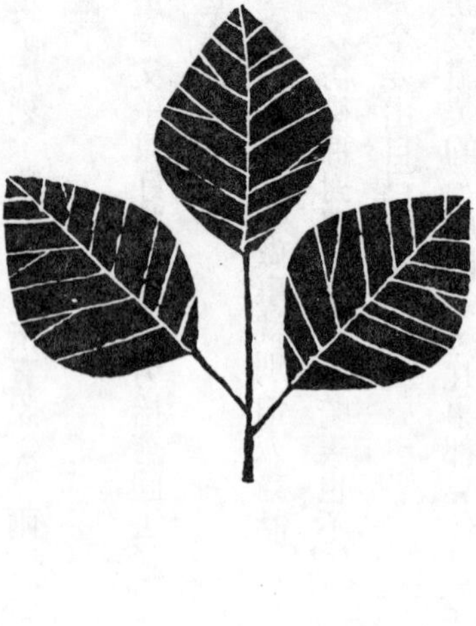

方便與功效

佛要渡有緣的人，但是，衆生的根性高高低低，千差萬別，所謂八萬四千法門，正是為衆生的不同根性而設，決非刻意在耍花招。

《六祖壇經》上說，六祖惠能當初只是識字不多的賣柴人，他一聽到《金鋼經》的片斷，就能心生歡喜，豁然開悟。待他投入五祖門下以後，平時忙著幹粗活，少有空閒聽經聞法，誰知他寫出的偈語，意外地比神秀上座還高出一籌，足見他不但佛緣極深，而且，善根與智慧都不是等閒，難怪後來五祖弘忍大師會把衣缽傳給他了。

相反地，佛陀門下有一位弟子叫做周利槃陀伽，卻近乎白痴，故非用特殊方法來引導不可。於是，佛陀只能命他掃地，教他先背「掃帚」。日子久了，他恍然大悟：

「原來人的心境也很髒，彷彿我每天要用掃帚清掃一樣。」

他所謂心境骯髒，當然知道貪瞋癡把清淨的心境弄得烏煙障氣。於是，他也證得阿羅漢果了。掃帚或掃地對他也未嘗不是一種方便教化！

孔子說因材施教，跟佛教的善巧方便，或隨機逗教，不論前提與目標，都有十分吻合的地方，無非要使對方上路，到達預設的目的地。就學佛的人來說，目的地當然指了生脫死，求解脫。總之，懂得方便善巧，無疑是人類比其他動物高明的地方。

佛教裡，方便屬於十波羅蜜之一，也譯作善權或變謀，這是一種向上進展的方法，包括巧妙地接近、施設或安排等。諸菩薩為了救渡衆生，常常示現兩種善巧方便。根據《地藏十輪經》卷中所載，那是世間方便與出世方便。前者是諸菩薩為了自利或利他所示現的善巧方便，藉此方便，因有所得，有所執着。後者是諸菩薩僅為利他而不為自利所示現的善巧方便，藉此方便，因無所得，無所執着。

佛經裡，也有些取名為方便品，例如《法華經》女人品中第二品，講述三乘方便與一乘真實。其次是《維摩經》第二品，記載維摩詰居士以各種方便化益衆生，並在毘耶離城，權現疾患，為探病者說明色身無常，猶如聚沫或浮雲，旨在讓他們發起求道心。《淨名經疏》卷三舉出自行、化他和自他等三種方便。

天台宗智顗大師的《法華文句》卷七，也舉出法用、能通、秘妙等三種方便。《菩薩地持經》卷七記載，菩薩有十二項方便，那就是向內修證的六方便，和向外教導衆生的六方便。

佛經裡，在在顯示釋尊活用方便的例證，現代人看了也不得不敬服釋尊的方便運用，恰當好處，活潑又有啟示。最馳名的，莫過於《法華經》的若干譬喻。現在列述兩例於下：

釋尊在祇園精舍對大衆說法時，提到一位嚮導率領一大群人，要經過艱苦萬狀的旅途。

他們想去一處藏有珍寶的城市。途中，群衆走得疲憊不堪，很想打道回家。嚮導心想，好不容易走到半路，怎能無功而返呢？於是，他大顯神通，越過三百由旬險道，傾刻間，在路旁建好一座大城，然後給群衆打氣說：

「你們看見不遠有一座城市嗎？大家快進去休息，待體力恢復後，再去探查寶藏好啦。」疲憊的群衆聽了，立刻精神大振，歡歡喜喜進入城裡，發現裡面的建築、花草、樹木和住民都很好。他們歡喜之餘，竟懶得再往前走，而有意待下來。

嚮導目睹大家的體力恢復，顯得懶散時，立刻撤除虛幻城。同時坦率說明那是方便城，藏寶地點不遠，還是繼續趕路吧。群衆聽了又欣然邁進，朝向目的地前進了。

當然，這位嚮導是偉大的導師——佛陀，他把一行人譬喻為芸芸衆生，艱險旅途譬喻為生死煩惱，而虛幻城為二乘人所證的果位。

另在《大莊嚴論經》第七裡，也提到目犍連座下兩個弟子，遲遲不能開悟。有一天，舍利弗教授秘訣，指出目犍連教法不當。原因是，目犍連吩咐以前幹礦工的弟子，修習不淨觀；而吩咐以前經營洗衣店那個弟子，修習數息觀。但是，舍利弗不愧爲智慧第一，懂得善巧方便。他馬上勸目犍連說：

「你不能因人說法，隨機觀教，結果才會無效。因爲礦工常用風箱作業，你該教他數息觀；而洗衣店必須把東西洗乾淨，故宜教他不淨觀，他才容易明白。問題在你的教法不良，才使他們一直未開悟。」

目犍連接受他的建議後，就改變教法了。兩個弟子精進不息，不久也證得羅漢的果位了。

佛法八萬四千法門，因材施教，看人說法，當如是也。不同的根器，宜用不同教法，甚至採用方便才能收效。

《法華經》第六如還有一則也是極好的方便，內容真有意思。且說一位良醫生有子女一百多人。在他出外時，孩子們誤食毒藥，叫苦連天。父親回家看了，立刻調製各種良藥，勸孩子們服下。不料，有些不肯服用，已經失去本性了。父親心想，非用個方便，讓他們趕緊服下不可。於是，他對孩子們說：

「我年紀大了，死期近矣。我把良藥放在這兒，你們快把它喝下，病情才會好。」

父親留下遺言後，匆匆出國去。接著，他派人轉告孩子們，父親不久前死了。

孩子們聽了很悲哀，無父無母，成了孤兒，如今唯一能拯救自己性命的，只有父親生前的良藥了。

他們明白事情的嚴重，就迅速服下良藥。結果，中毒才算解除，遠在國外的父親知道孩子病癒的佳音，才立刻踏上歸途。親子相見，談起事情的始末，皆大歡喜。

不消說，佛陀是良醫，中毒的孩子們是芸芸衆生。這是佛運用方便來顯示涅槃。

其實，我們在生活上也處處要用方便才容易達到目的。倘若僵化不變，最後不僅達不到目標，也可能被環境淘汰了。例如工商社會，為了推銷產品，暢通市場，更需要廣告宣傳，講究直接或迂迴策略，而這些都屬於方便善巧，旨在刺激消費者的欲望，然後賣得出貨品。俗語說統戰，都是花招百出，真真假假，目的是打跨敵人，得到勝利，殊不知那些伎倆都是戰爭前的方便罷了。

方便善巧是聰明的產物，如果運用恰當，會事半功倍。例如就有一位好友，他經營國貿很成功，家庭享受一應俱全，只可惜他的寶貝兒子天資聰明，偏偏不愛讀書，整天在玩樂。國中的成績都在中下程度，眼見高中升學快到了，父母說盡好話和謾罵都沒用。上國三那年暑假，母親不叫他去補習班，反而大大方方帶他到美國狄斯耐樂園。只見兒子玩了兩天興緻不減，簡直愈玩愈起勁。母親趁機告訴他，只要回去功課進步，明年再來玩一次。兒子也同意了，回國後果然改變了求學態度。他不僅月考成績進步，連畢業考都能名列前茅。當然，這要歸功於母親的方便教導了。

我在童年時代，家居偏遠鄉下，父親卻在新竹市一間牧場服務。當時，從家鄉到新竹市還沒有客運汽車可以搭乘，惟一的交通工具只有腳踏車，此外就靠走路了。那時，我家裡連腳踏車也沒有，父親好像一年才得回家一趟。

那年新春，母親準備好年糕和魚肉，徵求我和弟弟的意見，敢不敢走路去新竹市？我和弟弟都不知道新竹市在那裡？只知很遠很遠，但是，一想到能去城市，又能看到父親，就不理會走路的辛苦，毅然同意陪母親一塊兒去。

以今天客運汽車的車速計算，從家裡到當時父親工作的地方，少說也要費一個時辰。記得當天大清早起，母親就吩咐我們吃飽一些，免得路上飢餓。飯後，我們也不知幾點出發，只記得我和弟弟精神抖擻，有時跑在母親前頭，有時落在母親後面，有時三人一塊兒走。行行復行行，走過一段又一段，每當我和弟弟呈現疲憊的樣子時，只聽母親說：「再走一段就到了。」或說：「前面有一間冰店，待我們吃了冰，就快到了。」

殊不知她的話只是給我們打氣，讓我和弟弟再接再勵，不要中途走不動。因為母親所說的一段路，仍是很遠很遠。所謂冰果店也不曾看到，當我們到了新竹市，奇怪地問起母親，為什麼路上沒看到冰果店時，母親笑著說：「也許搬走了。」現在回想那件事，始知母親的話，充其量也是方便，旨在安慰我和弟弟。

往事如煙，事隔四十多年，每當我們母子三人談起這段回億，真是百感交集。在落後的農業社會，時間不値錢，走遠路也不稀罕，那像現代人一出門就有車坐呢？

弘法事業用方便，收效會更大，例如慈濟功德會的證嚴法師，以慈悲為懷，實踐人溺己溺，才會喚起無數男女老幼的迴響。其實，有些人樂捐巨款，他本身不一定是佛教徒，只是有心回饋社會，有意幫忙窮困受難者，而苦無機會與時間，如今目睹法師的熱心，才被他感動得跑了出來。當他們親身感受法師的一言一語和舉手投足都散出佛教的修行功力，也就自然而然地沐浴在法喜裡了。

我有一位朋友夫妻正是如此，他們膝下無子女，家中猶有儲蓄，夫妻談不上什麼信仰，但也被證嚴法師的精神感動，而投入慈濟的行列。當然，目前他們都皈依佛教了。

總之，方便有一項簡單的定義，就是為了誘引眾生，進入真實法，而權設出來的法門。說得淺顯些，就是佛菩薩要適應眾生的根機，才採用各種方法來施予教化。

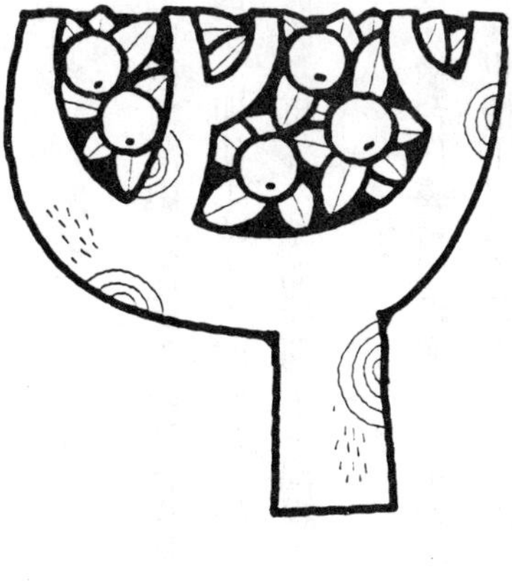

何須妄語滿天飛？

每當國內外的選舉季節到了，政治氣氛正彌漫在社會上各個角落中。候選人的文宣攻勢如火如荼地展開，許多甜言蜜語和自我吹噓，也都紛紛出籠了。即使平時不太關心政治的人也滿懷無力感與無奈感，在大衆媒體的推波助浪下，不可能置身事外。誠如亞理士多德說：「人是政治動物。」果然言不虛傳。

那天午後，我走在寓所附近的鬧街上，發現許多店舖裡，櫃台作業員與顧客，都不約而同地瞪著電視機。他們好像被什麼動人的節目迷住似地，害我也情不自禁探首進去，原來是美國三位總統候選人的公開辯論。不消說，這是相當動人的節目，不但結果會改變國家政策，也會影響就業市場。尤其，後者跟老百姓有非常密切的關係，才會吸引這麼多人來注意。事實上，也惟有在美國這樣民主制度上軌道的國家，大衆媒體才能公平和公開地派上用場，不會被利益集團霸佔或控制，老百姓才能親耳聽到正反或折衷意見，充份享受言論自由的益處，其他社會就不見得能夠這樣做了。

老實說，不論當初在國內或現在美國，每逢選舉，我都不太重視候選人的學歷、經歷、出身背景、口才與機智，反而特別留心他們的政見內容和社會媒體的運用實況。因為我有這方面的專業知識，自信比較能進一步和冷靜地分析它。

記憶裡，有一次，我在東京大學聽日本社會學者日高教授的演講，他認眞的分析大衆傳播的功能。當他提到大衆媒體的社會角色時，表情驟然嚴肅起來，聲音也顯得低沈多了，如怨如訴，我一聽，就判斷那是他內心的哀痛。他說太平洋戰爭時，日本軍部霸佔所有大衆媒體——報紙、收音機、雜誌和海報，刻意編造一套假話和似是而非的妄語，晝夜不停地向老百姓呼喚與宣導，麻醉了百姓的批判力，便於製造假象，結果造成無數的悲劇。因為他自己也是受害人，飽嘗當時被欺騙與被矇蔽的痛苦，所以，當他以過來人的身份，提到自己的慘痛體驗，無異一件歷史的活見證，加上他的口才絕佳，說得娓娓動聽，致使他的課座無虛席，學生聽了也無不動容。

宣傳造勢是很恐怖的社會現象，這些方面早有數不淸的史實證明。例如納粹黨宣傳部長戈貝斯說：「宣傳是鋼琴的鍵盤。」希特勒說得更露骨，只聽他得意洋洋地吼叫：「連天國也能使人相信它是地獄，相反地，連極悲慘的生活，也能讓人看成樂園。」「宣傳的技巧是，要扣住群衆與觀念世界，運用心理學的訣竅，吸引大家的注意，再進一步滲入他們的心裡，掀風作浪……。」

乍聽下，讓人毛骨悚然，難怪他們都是成功的煽動家，也是一群魔鬼了。

尤其，現代的大衆媒體更發達，好像電視的魅力，無遠弗屆。雖然，媒體本身是中性，但若陷在一群惡知識或集團利益者手上，那麼，歷史的悲劇難免要重演，後果非常不樂觀。例如有一次波斯灣戰爭時，伊拉克胡辛總統，據說也活用電視媒體，胡言妄語，煽動老百姓的愛國感情，引導他們走上歧途而不自知。雖然，平時非戰時，但利益集團照樣能聘請專家學者編造動人的話，透過電視宣傳和造勢，去催眠老百姓，以致於分不出真假是非，真正發揮宣傳的負面價值，實在罪該萬死，不僅有背佛教的妄語戒，而且其心可誅，其行可憎也。

在民主政體不健全的地區，每逢選舉時間，這種危險性非常明顯，而又沒有幾個老百姓能夠逃脫假象的迷惑。尤其，候選人眼見大勢已去，為了挽回劣勢，極可能利用大眾媒體亂發妄言，打動人心。寫到此，我想起一位佛友透露，諾貝爾和平獎得主——達賴喇嘛，他在『怎樣睜開慧眼』一書裡，提醒世人要相信說話能夠兌現的人，我不知他是否針對有選舉權國家的國民喊話，還是半輩子流浪天涯，見多識廣，自言自語的感慨？總之，許多人都欣賞他這句話，連我也在內，恕我吹噓一句：「君子所見略同」。

邪見妄語如果透過有身份的人，藉著公衆媒體，有計劃地向民衆宣揚，結果彷彿核子彈，殺傷力巨大無比。更可怕的是，它的傷害細微難察，既像催眠，又似麻痺，殊不知這也是嚴重的口業之一。一個人即使微不足道，或者很短命，乍見下好像活在人間，引不起別人的注意，其實，他的身口意等業照樣留存，也照樣或多或少會影響到別人。例如釋尊在王子時代，出遊途中，遇到默默無聞的病人與死人，也引發他細膩、敏銳的感受，結果，讓他走向出家求道的路。何況，現代人選舉的宣傳與造勢，好像一場鬧劇，當然會吸引更多人去注意了。他們在身口意方面的業力，也會跟著發揮到淋漓盡致，影響的範圍當然會更大。他們一旦選上，影響力也會更上一層樓。無如，有如是因就有如是果，業因業果千古不變。尤其，妄語的罪業不能等閒。這一點，在《大藏經》卷十三裡，有三件例證，值得學佛的人警惕。妄語戒很容易犯，但有時比身意兩業還要被人疏忽。

第一例證是：

提婆達多有一名弟子，名叫俱伽離，憑不實的見聞，誣告舍利弗與目犍連，跟一個女人有染，到處宣嚷這件事。後來，他還向佛控告，但佛不相信，連續三次斥喝俱伽離不要毀謗他人的名節。無奈，俱伽離聽不進去。後來，他全身患瘡死了。於是，佛作偈告誡弟子們：

「人生下來，嘴裡含一把斧頭，會腰斬人身，因為他有惡言惡語。該罵不罵，反而大加稱讚；應該稱讚不稱讚，反而大聲喝斥。因為嘴裡多惡，才不會快樂。……」

第二例證是：

佛的兒子名叫羅睺羅，他年幼不懂口說妄語的嚴重性。有一天，外人來訪：「世尊在嗎？」他居然騙說：「不在」。當佛真的不在時，他偏偏撒謊：「佛在這兒」。後來，佛知道此事，就把他叫過來說：「你用洗腳的澡盆，裝些水給我洗腳。」佛洗完腳後，又吩咐羅睺羅把澡盆翻過來。羅睺羅照做不誤。佛又吩咐他：「快把水灌進盆裡。」他說：「灌不進去。」於是，佛才告誡他說：「不會慚愧的人，正是胡言妄語，矇住內心，猶如道法進不去一樣。」

第三例證是：

佛說妄語有十種罪狀，十罪的內容如下：

㈠呼息有臭氣。
㈡善神會遠避，忘恩負義之徒才會接近他。
㈢即使說出肺腑的話，也難取信於人。
㈣不能參與智慧人士的討論會。
㈤屢遭毀謗，聲名狼狽，人人皆知。
㈥得不到別人的尊敬，也沒有人要聽他的話。
㈦經常抑鬱寡歡。
㈧種下被人誹謗的業因。
㈨命終以後，必定下地獄。
㈩即使投胎轉世，做人時也會屢遭誹謗。

妄語遭到現世報的例子，多得不勝枚舉。商場最講信用，也就是童叟無欺，才能取信於顧客。有人說，善意的謊言，也是一種方便，但要用得很恰當。例如《法華經》第二品裡，提到一位長者向孩子們解說火災的危險，警告他們快逃出去。但是，誰也聽不進去。仁慈的長者只好撒謊：「外面有新奇的玩具，你們快出去，否則會被人搶走。」這樣，才讓孩子們脫離險境。當做善巧的謊言，的確無可厚非，因為旨在救人，不在自己圖利。

嚴格說來，凡是參與妄語的陣營，例如刻意設計假情報，宣揚邪見，以及操縱媒體的人，統統都種下妄語的業因，業果如上述，除非不得已，否則，還是早日脫離才好。

選舉期間，妄語滿天飛，人身攻擊，雖然容易被人聽出來，但晦暗隱約的妄語和美麗的謊言都會麻痺聽衆。始作俑者，當心妄語罪。

那次三位美國總統候選人，都站在電視機上滔滔不絕，開出許多支票，向美國人民承諾，至於能不能兌現，恐怕自己心裡有數了。記憶裡，布希有一句批評對手——柯林頓的話，非常有殺傷力，布希說：

「你不能當這個世界的領袖，你不能當這個國家的領袖，假如你有騙人的習性的話，我們不能讓這種騙人的習性帶進橢圓形辦公室。」

據說柯林頓在越戰時代的兵役記錄和個人背景上有「騙人的習性」。

當然，騙人是指撒謊或妄語之一，對於從政的人來說，它的確是一件致命傷，也有損個人高尚的人格。

持戒如守法

一位學者從歐洲旅行回來後，不禁嘆息說，維也納、慕尼黑和阿姆斯特丹等地，坐地下鐵、火車、公共汽車，都採榮譽制度。大家進出門，買不買票都沒有人管，連象徵性的自動門，或自動驗票機都沒有。所以，他認為西歐社會距離天堂或淨土最近了。

乍聽下，國人也許驚訝為天方夜譚，或者肯定：「國家不賠錢賠死才怪。」事實上，他們行之有年，如果賠錢賠死，恐怕早就停辦了。可見西歐社會守法精神非常徹底，對於法律精神和立法意義早在心裡有了相當認知。

國府司法院長林洋港來美訪問，看到美國駕駛人絕對遵守避讓校車和鳴緊急警號的車輛。到了餐廳或旅館，因為禁煙禁酒，害他忍了三天，一根煙都沒抽，滴酒也不敢沾。因為他發現美國人一律遵行，沒有人情例外可講。

他到歐洲參觀羅浮宮時，大批國人見到他，熱情跑過來包圍，大喊林院長好，引來管理員抗議，把他當成禍首。於是，他感嘆自由與自制的精義。原來，自由應有合理限制，講自由也須自我節制，而自我約束，有時比法律規定更見效。

在美國大都市，雖然車多、人多，幸好車輛和行人都完全守秩序，大家才有充份自由。

美國的法令多，律師也多，讓人覺得囉嗦，心理上受束縛。事實上卻很方便，而且不混亂。這樣，大家才能享受和睦的社會生活。

多年前，有人埋怨國內的法令多如牛毛，而官員反駁多毛牛才健康，雙方在這個學理上辯來辯去，其實，問題不在法令有多少，而在守法徹底不徹底？執行嚴格不嚴格？例如國內許多理髮廳，明明高掛理髮的招牌，但卻暗藏春色，連某位內政部長也嘆息，這是人人皆知，只有管區警察才不知道。這件事既然證明守法不徹底，也能反證執行不嚴格。

所謂掛羊頭賣狗肉正是這種寫照！尤其，報載某年國內犯罪率平均每兩百人裡就有一人觸法，在被調查的亞洲國家裡，台灣高居榜首。試想這樣的社會環境，大家怎會有安全、方便與自由呢？

我住在國內時，不時聽到「特權階級」，依我的解釋，那是指法律管不著他，他犯法也不會與百姓同罪，或許可以逍遙法外。當然，這是封建社會的遺毒，現代早就不應該有。另外，最被人詬病的，就是台灣的交通亂象，充份反應不守法的實況。

有一次，我搭公車從內湖到火車站，當時，還不算擁擠的上下班時刻，但是，路邊常見車輛停兩排，只留中央極窄空間讓公車來往，還有摩托車也穿插其中。我奇怪地問司機：「怎麼可以這樣停車？」

司機反而譏笑我：「你大概不是台北人吧？還有停三排的呢！連警察局、市政府旁的紅線邊也有車停，還有什麼公權力可說？」

難怪有些外國人批評台灣：「連交通秩序都管不好，就沒有資格列為文明國家……。」可見當有文化或文明國家的資格，就是百姓的守法實況。

當然，世間沒有十全十美的社會或國家，也許有人會反唇相譏：「美國、日本也有一大堆缺點。」事實不錯，殊不知這些文明或先進國家守法精神普遍又徹底，否則，尼克森這位民選總統當年怎會不能逃過水門案件？日本田中角榮首相，也不會因為拿回扣，被法院叫去審訊後提起公訴了。如今日本政治元老金丸信的官司，表面上大事化小事，罰小錢了事，但也反映日本司法界似乎受到挑戰，恐怕以後還有好戲可看。

有一位讀法律的朋友說：「立法動機是，先把百姓看成小人，預防在先，但艮法美意，都在保障百姓的自由安全。」我想，守法無疑是百姓的義務，也是享受安全與自由的前提。

佛陀圓寂前，留給弟子們那句膾炙人口的「以戒為師」，也是極有睿智的教誡，只有修行人守戒律，僧團和諧才能維持，自己也能達到證果目的。這條教誡更告訴在家徒衆必須守法，才能保障穩定的社會生活。

《根本說一切有部毘奈耶藥事》第十五一段話，也反映法令存在的目的。那是兩個農夫因田地發生糾紛，惡言相向之後，大打出手。他們先找一位仙人做見證，再去請國王評理判決。

結果是，國王聽從仙人的建議，用轉輪聖王之法來處理，就是撇開無益的爭執，讓它轉為對當事人有益處。他明白法律的存在，不在懲罰，而是要拯救被罰的人，讓他能改過遷善，以後不再犯錯。不過，這是很高的境界，也是人類社會的理想，值得學佛的人三思。

對於修行人來說，持戒守法，並非不切實際。《雜阿含經》第四十三有一段話，正是這方面的例證。且說一隻狐狸出外覓食時，突然發現前邊有一隻烏龜。狐狸立刻慢慢地走近。誰知烏龜知覺後，趕緊把頭、腳和尾巴都縮回硬殼裡不動。這樣，害得飢餓的狐狸，只好氣恨恨的離去。意指修行人，或學佛也要相當程度地調御六根——眼、耳、鼻、舌、身、意——避免外界的誘惑。

尤其，現代的大衆傳播都竭盡所能的扮演反派角色，甜言蜜語，要摧毀我們的六根防線。所以，怎樣很適度地調節六根？最根本的策略，恐怕就在守法方面。

前述佛教徒守法持戒，絕對有利僧團或社會的運作。星雲大師也說持戒如守法，每個男女老幼都要遵守。例如一個家庭，丈夫不守家規，就會在外邊胡作非為；妻子不守規矩，等於失格的賢妻良母；子女不守家規，會變成太保太妹。結果，豈非成了爭吵不休的家庭嗎？不是妨碍社會的安寧嗎？

還有下面兩件小事，也會讓我氣短，但也值得國人反省。原來，我的鄰居一位小弟剛從台灣來，現在墨裔社區的艾爾蒙特中學就讀，每天步行上學。有一次，他對我說：

「學校前面常常出現一隻狗很奇怪，好像有人性，牠看到紅燈會自動停止，等到綠燈才跟著行人過馬路，比我們中國人還要守規矩。」

當然，他也罵到自己了，但有什麼辦法呢？事實有這麼回事呀！難怪一個多世紀前，上海租借區某公園規定，除了狗和中國人以外，都可以進去。依我看，這樣侮辱中國人一定有原因，恐怕十之八九出在中國人不守法。現在的台灣經驗雖然足以傲視全球，那也只能證明國人有能力由窮變富、勤勞苦幹，但絕對不包括守法精神。捫心自問，不是這樣嗎？

某年歲末，證嚴法師呼籲社會大衆持守八戒，其實也是遵守八法，這樣才能使社會和樂，家庭幸福。其中一段說得非常感人，他說：

「現在的台灣太富有了，人人迷失在金錢堆中，而忘卻了隨時可能發生的天災人禍，因此，新年開始，籲請大衆除了不殺生、不偷盜、不邪淫、不妄語，不酗酒外，還要不抽煙、不吃檳榔、不賭博；因為社會是大衆的，每個人都要懂得愛這個社會。」

守戒守法，等於愛這個社會，也愛這個國家，學佛的人必須信受奉行，不能等閒。

和睦相處的智慧——不記仇

從我上中學開始，就愛讀武俠小說。記憶裡，有太多內容和結構是這樣的：如果父母或師父被人殺害，身為子女或徒弟，理所當然要復仇。他們先想盡辦法投師學藝，目的只有一個，就是報父母或師父不共戴天之仇。一切為報仇而活，爲了去除眼中釘，一日也不能忘記這項信念。不僅這樣，又因爲心底恨對方入骨髓，有那麼一天，必須要以牙還牙，以毒攻毒才甘心。總之，他要仇恨對方一輩子，直到報完仇恨為止。所以，在這種心態下，他很難會退一步想：倘若對方也有後代，沒有同時除掉的話，以後還不是照樣為父母或師父報仇，這樣冤冤相報何時了呢？有時，聰明的作者，會在緊要關頭，安排一位前輩出來調解說：冤家宜解不宜結，得饒人處且饒人，不要逼人太甚……搬出一大堆入情入理的教訓，希望平怨止恨。其實，這番道理正是《法句經》的兩句偈語：

「彼罵我打我，敗我劫奪我，
若人懷此念，怨恨不能息。」
「彼罵我打我，敗我劫奪我，
若人捨此念，怨恨自平息。」

前句在警告世人，如果內心執着怨恨，那麽，怨恨永遠斷不了。後句正好相反，只要不執着怨恨，憎恨才會停止。這兩句偈語跟「論語」的：「以直報怨，以德報德」相通。毋寧說，只有這樣做，才能徹底除去雙方的怨恨，眞是一把解開怨恨心結的最好鑰匙。

而且，這也是族裔和諧，世間和平的秘訣。

我居住洛城十幾年，因為工作上必須接觸許多低階層的墨裔、黑人、白人和東方人。結果發現墨裔和黑白族裔的美國人，跟東方人的作風心態差異極大。憑良心說，那些美國人比東方人的心胸要開闊得多。因爲每次糾紛或爭吵後，他們都不記仇，事情過去就算了，不像東方人還會舊事重提，記恨在心。有時勾結幫派來報復，而且手段殘忍，不論言語和行動上都表現前事不忘，事情等著瞧。不過，若跟美國人爭吵，必須要據理力爭，絕對不能退讓，最後還要以理服人，不能意氣用事。這是我在經營旅館時，難免跟房客爭吵所得到的經驗。美國人待事情解決後，一本常態，見面或碰頭，照樣客氣打招呼，好像忘了剛才的不愉快。有時，我忍不住問他：「昨天怎麽那樣兇悍？」對方常常笑著答道：「抱歉。」或說：「我忘了那件事啦。」這是多麽灑脫，多麽坦率。

我有一位李姓同鄉開錄影帶店，店裏有一項條文規定——過時要罰錢。美國客人知道自己超過天數，會很乾脆被罰錢，連聲說抱歉，續借時也會說聲「謝謝」。因為他們知道理虧，按規定自己該罰款。相反地，亞裔客人明知道自己租借日期超過，經常不甘心被罰款，嘴裡還說：「我是老顧客，你為什麼還要罰款？」有些人一氣之下，從此不再上門了。有些人續借後，臨走時臉色很難看，表示內心很忿恨，難怪我的同鄉經常向我嘆氣：「東方人的生意特別難做，我寧可做老美的生意，也不再想跟東方人打交道。自己做錯還要強辯，道理一大堆，而且，愛提以前的不愉快，尤其，中國人最難纏……。」

美國人和中國人相比，許多方面的確如此。

美國人對受難者很熱心，不論以前是敵人或朋友，都不計前嫌。例如第二次世界大戰剛剛結束，日本國內滿地荒蕪，糧食尤其欠缺，民不聊生，美國把大批糧食、醫藥運到日本救助，根本不計恨日本人當年偷襲珍珠港，也不提太平洋戰役中，拚得你死我活的情景。所以，我有一位日本朋友十分讚嘆：「戰後這樣寬待敵人，連我們日本人都做不到……。」

美國不僅對日本人如此，對歐洲戰敗的宿敵——德國人和義大利人也一樣，不再執着舊怨。我想，這種作風正是《法句經》上面兩句偈語的寫照。

憎恨是一種不善心，唯識宗認為它是隨煩惱之一，意思是，對於忿怒的事情永遠忘不了，屬於結怨的精神作用。《法句譬喻經》第一品有一則說話，指出有仇怨心的人，無異舉一把心箭，隨時會傷害人，也不利於自己，故宜趕快丟棄它。故事內容是這樣：

舍衛國有一對貧窮夫妻，既吝嗇又兇悍。佛陀憐憫他們，有一天，特地化身一位可憐的修行人來向他們行乞。剛巧丈夫不在，只有妻子在家。她見了衣裳襤褸的修行人，不但不給食物，反而破口大罵。修行人忍不住埋怨：

「我是來托鉢，不是來聽你罵的。你只要肯施一頓飯，我就感激不盡了。」

不料，她照樣罵不絕口，同時下逐客令。但是，修行人站在那兒，忽然氣絕身亡，屍體浮腫。她眼見七孔有屍蟲蠕動，樣子很恐怖。於是，她害怕得拔腿就跑進房裡了。

修行人看她離去，頃刻間又恢復原狀，走到不遠的樹蔭下坐著。

丈夫回來，看見妻子驚慌的樣子，問她什麼原因？

妻子一五一十把剛才的經過說出來。丈夫心中大怒，手持弓箭和尖刀，立刻追蹤出去。一會兒，他看見樹蔭下那位修行人，恨不得跑前去一刀刺死他。無奈，修行人眼見這個漢子怒氣沖沖、不懷好意，乃在他身邊劃出一面琉璃牆。那個漢子始終在牆邊打轉，進不去。情急之下大叫：

「為什麼不開門？」

「我當然會開門，但是，要先放下手上的刀箭。」

那個漢子只好丟棄刀箭，卻暗自尋思，只要門一開，就要衝進去揍他一頓。不料，城門依然緊閉。

「我已經放下刀箭，你怎麼還不開門呢？」漢子大喊大叫。

「我要你丟棄心中惡毒的刀箭，而不是你手上的弓箭。」

對方聽了大吃一驚，暗忖：他怎能看透我的內心呢？一想到此，他只好點頭懺悔，央求修行人原諒……。

《六度集經》第四有一則非常動人的故事，也可以做本篇的最好詮釋。大意是：有兄弟三人逃離飢荒，途中飢餓難挨，兩位哥哥都殺死自己的妻子，吃她們的肉，而弟弟不忍心吃，也無意殺死自己的愛妻。可是，兩位哥哥卻準備殺死弟媳。弟弟只好偕同妻子逃到山裡，靠吃水果渡日子。不料，山裡有一個跛腳漢，暗中跟弟弟的妻子有染。不久，奸夫淫婦設計陷害丈夫，趁他不注意時，把他推下深谷。幸好，他命不該絕，被人救起來。不僅這樣，他後來到另一個國家，剛巧該國的國王駕崩，根據婆羅門占卜的結果，選他繼任王位。他繼任王位後，愛民如子，教以五戒與十善等佛教修行儀軌。所以，四海昇平，百姓都安居樂業。

相反地，他的妻子和跛腳漢在山裡待不下去，就行乞到這裡來。她不斷騙人說：「我揹著丈夫逃離飢荒，他殘廢不能工作，請大家可憐我們。」

此事傳到王妃的耳朵後，很欣賞這樣賢淑的女人，就稟告國王，主張重賞她。國王一向賞罰分明，馬上召她進宮，原來是自己的前妻。此時，國王問她：「你認識我嗎？」她擔心他要報仇，戰戰兢兢答不出話來。當國王把詳情吐露後，審判官要立刻處死這對奸夫淫婦。國王卻說：

「諸佛教誨我們，慈祥與感恩才是最好的寶貝。縱使自己吃虧，有性命之虞，也不要仇恨往事。」

於是，國王根據這項善意，寬恕了她。

世人若滿懷仇恨心，不僅會誤人誤己，也會破壞社會生活的和諧。近年來，時局變化很大，誠如聯合國那位年輕的秘書長——蓋里所說，世界的冷戰結束了，但區域性的種族衝突仍然存在，好像南斯拉夫與索馬利亞的內戰，便是例證。所以，他認為國際社會要在人權、平等、正義方面給予更大承諾……。我心想：「人權、平等、正義」的基礎，不是奠定在《法句經》那兩句偈語上面嗎？

其實，種族或族裔衝突是人類社會的老問題了。無奈，文明的進展沒有完全消除衝突的基因。這兩年來，諾貝爾和平獎的得主，不是叱咤風雲的大政治家，而是曾經奔波於族裔間，排難解紛，不主張暴力的女性。例如去年得獎的緬甸籍翁山蘇姬女士，和今年瓜地馬拉籍的曼楚女士，都被世人稱讚為和平與協調最鮮明的象徵。

在這方面，有一件記憶始終烙印在我的心版上，讓我一輩子不易忘掉。那年冬天，東京街頭飄舞著雪花。某日清晨，我撐著雨傘，匆匆從車站走向日比谷圖書館查閱近代史資料。不久，我從變了色的舊報紙堆裡，驟然翻到一份當年的「朝日新聞」。第一版頭條新聞是以大字體寫的：「以德報怨，不宜冤冤相報」。當時，我有說不出的感動，那是國民政府從重慶發出的報導。我學佛以後，始知它跟《法句經》所謂：「於此世界中，從非怨止怨，惟以忍止怨，此古聖諦法」（五）的旨趣相符。當年中國政府的動機，無非希望中、日兩個民族世世代代友好下去，才實踐佛教的旨趣，堅持以德報怨，而不以戰勝國姿態清算舊怨，否則，日本那會有今天呢？

一九五一年九月在舊金山舉行的對日本和平會議，錫蘭代表遮瓦奈說過一句極為動人的話：「錫蘭和日本都是佛教國家，錫蘭被日軍侵佔，損失慘重。倘若以恨報恨，世界永遠不能和平。」這不是佛教徒出自肺腑的話嗎？

不料，兩年後，錫蘭大地震，百姓生活困苦，日本始終不曾對罹難者伸出援手，可見日本人實踐佛教的功力極差。寧可我負天下人，也不要天下人負我，彷彿曹操的奸雄心態，這樣的國家民族縱使科技再發達，經濟力量再雄厚，照樣難以領導群倫，讓亞洲人民敬愛。近日，日本天皇要訪問中國大陸，許多日本人民和天皇自己都無意認錯，一直想要模糊往事。這樣怎能平怨止恨呢？相反地，日本人每年都在那天刻意紀念長崎和廣島受難日，大力宣傳美國人不該向他們丟下原子彈，不知悔過反省，總有一天等著瞧的意思，這樣不是暗中孕育復仇的種子嗎？

《法句經》那兩首偈語，超越國家與種族界限，彷彿美國林肯總統說過：「我與對方一直溝通時，會用三分之二的時間思考對方的觀點，只用三分之一的時間，陳述自己的觀點。」這樣不會自我膨脹的平等心，也是那兩首偈語的活用實況。若能這樣，族裔糾紛或種族衝突會避免不了嗎？世人的和平共存會有任何困難嗎？

一切苦惱在「無明」

《百喻經》第一有兩則說話，言簡意賅，非常富有諷刺意義，讀了讓人噴飯。

第一則是，某位王妃產下一名公主，國王高興之餘，召來御醫，要他用各種妙藥，好讓公主迅速長大。御醫聽了，回答國王：

「良藥是有的，但在極遙遠的地方，必須費時十二年才能拿到手。在這段期間，大王可不能看公主，必須待妙藥拿回來，讓公主服下後才可以見面。」

之後，經過十二年了，御醫依照以前的約定，已用良藥讓公主長大成人了，國王看見女兒果然長大，亭亭玉立，十分歡喜，以為御醫不愧為名醫。但，聞知者都嘆息國王的愚痴。

第二則是，一個漢子喉嚨發乾，口渴得很，乃到處找水喝。他看見前邊有水，高興跑前去，結果，只是瞪著眼看，而沒有喝水。

旁觀者說：「你到處找水喝，現在看到水，為何不快喝呢？」

漢子回答：「如果能喝光，我會喝，因為水太多喝不完，所以，我不想喝了。」

這個漢子之蠢，只有令人嗤笑。

寫到此，我想起高中讀「三民主義」課本，孫先生把人類分成三類，第一類是先知先覺，第二類是後知後覺，第三類是不知不覺。看樣子，上述那個國王和蠢漢，恐怕屬於不知不覺那一類了。記得從前台大殷海光教授，在一本書上寫道，世上令他最驚嘆的事情，莫過於人世間為何同時有愛因斯坦和非洲土人存在呢？言外之意是，天才與白痴怎會同時存在人世間。他說得也是，人類的才智，天生不平等，不過，人的佛性卻沒有區別，不論天南地北，黑白黃棕等族裔都一樣。

記得有一天，我陪一位好友到洛城證券市場，目睹許多票友坐著看股票在漲跌。席間，不斷傳來他們的嘆息：「早知如此，應該買那家才對。」「我本來預測這一家會漲，但卻不敢買……。」我冷眼旁觀，心裡卻非常好笑，大家都是事後見聰明，先前現愚痴。其實，芸芸衆生何嘗不然呢？衆人皆醉我獨醒，到底是極少數人而已。

我讀高中時，聽一位歷史老師很感性地說：「讀歷史是很痛苦的。」當時，我猜想，歷史資料龐雜豐富，上下幾千年，一大堆人名、地名、年代和許多事件的遠因、近因要記憶，當然苦不堪言。不料，老師所指的痛苦不是這樣，而是說，人類的文化進展，有過太多錯誤和苦難，也曾經為了這些，而付出非常慘痛的代價。所以，有良知的人讀歷史會很痛苦。他們痛心疾首人類的無知邪念，實在萬分無奈，只有唏噓。

例如我當年讀到日本軍閥妄稱三個月要滅亡中國，心裡既憤怒又好笑，他們根本昧於中國人堅忍的特性；他們偷襲珍珠港，也妄想很快能打敗美國，而完全不知睡獅醒後的憤慨，結果吃了原子彈。當然，那些自以為聰明的人，也都接受軍法審判了。這不是自己的愚蠢引起的嗎？可惜，許多日本人飽讀歷史，不但昧於鑑往知來的使命，反而又想偷偷摸摸竄改教科書，不讓昔日的無知真相曝光，等於又種下惡因，想再次重演悲慘的歷史，這不是令明眼人痛心的嗎？

佛教裡，習慣把無知或愚蠢，叫做無明。無明也是煩惱的別稱，意指世人昧於事物，不明白真理，而愛顛倒妄想。在十二因緣裡，無明首當其衝，等於一切煩惱的根本，這是釋尊坐在菩提樹下大徹大悟出來的。所以，《阿含經》指出無明，即是不明白聖諦，也就等於無智了。

《大乘起信論》上說無明有兩種，一種是根本無明，另一種是枝末無明。根本無明為各種煩惱的元始，迷妄的基因，最細微的動心、諸惑、業和苦等，皆以這種起心動念為根本。枝末無明係由根本無明引起的枝末染汚心，它有三細六粗的惑業。

在十二因緣裡，談到人的生老病死，追根究底在無明。換句話說，世人苦惱的本源，出自愚痴。世人糊裡糊塗過一生，只會追求虛妄，而看不出事物的真相，常常為八風——利、衰、毀、譽、稱、譏、苦、樂——吹得搖搖欲墜，分辨不出人生何去何從。這都是愚痴造的禍，也難怪有人叫它無明惑了。因爲有無明，才會有六道輪迴，遲遲不能解脫。

讀書多，或學問淵博，也不見得能免於無明。因為肉眼凡夫，如果沒有正知正見，照樣不懂諸行無常、諸法無我的教理。結果，也都陷於無明的黑暗包圍裡。釋尊當初在雪山苦行六年，原因也出在無明，幸賴菩提樹下證悟了緣起觀，總算以智慧驅除無明，斷了妄想和執着。

現代人若要消除無明，趕走愚痴，只有深入三藏，實踐佛陀的教誡。因為《般若心經》上說：「觀自在菩薩行深般若波羅密多時，照見五蘊皆空，度一切苦厄。」「以般若波羅密多故，得阿耨多羅三藐三菩提。」

換句話說，只有用般若波羅密多，才能驅逐無明，因為那是真正智慧，而不是從書本上學來的智識或記憶。

因為無明是苦惱的根源，相對地，學佛的目的，在開智慧，有智慧才能離苦得樂，證悟生死。

無明是我們的迷惑，只待迷惑被發現，它才會立刻消失。彷彿人在作夢中受苦，叫也叫不出來，而那種苦痛也很逼真實在，只有待自己夢醒，始知南柯一夢時，那種苦痛才會隨之消失。

《德女經》有一段記載，對於無明的本質與特性，解說得非常清楚。只要讀者一看，就會明白無明的來龍去脈。且說有一位德女請教佛陀，無明這種東西到底在裡面、外面或前輩子留下，再傳到下輩子？它有無生滅呢？是不是實體呢？

雖然，德女問得很仔細，又徹底，殊不知佛陀答得更圓滿，更明白。只聽佛陀說：

「無明既不在裡面，也不在外面。既不從上輩子傳到下輩子，也非實體，或有生滅的東西。但是，它卻靠無明的因緣而生諸行，乃至聚集許多苦惱。這就彷彿幻象一旦停止，以幻象方式所造的景物也會消失一樣。只要無明終止，行也會結束，甚至連諸多苦惱的聚集也會窮盡了。」

以上的話出在《大藏經》卷六裡，另外，我再明示無明跟十二因緣到底有何關係？那就是：

無明——行——識——名色——六入——觸——受——愛——取——有——生——死等，叫做十二因緣，之後，必定陪伴著憂愁悲苦等情狀的聚集。

這樣看來，無明不是苦惱之源，憂愁之首嗎？

只有聆聽佛陀的教誨，才能消滅無明，也就是靠智慧來驅逐它了。

彼岸與此岸

有一次，學佛多年的李居士問我：「據你所知，那一部經的佛教精髓最完備，最具體？」我正在沈思時，不料，他反而搶先回答：「恐怕是《般若心經》吧？」我聽了忍不住拍手叫絕，正是《般若心經》最簡短，也最具備佛教的精髓。

記憶裡，我初讀這部佛經時，非常讚嘆優美簡潔的文詞，把佛教的精華顯露無遺。尤其，我讀到最後那段白話譯句：「去啊！去啊，到彼岸去，大家一齊到彼岸，歡歡喜喜到那裡。」我內心有說不出的嚮往，恨不得早日到彼岸去，也盼望大家一塊兒去。（原文是：揭諦，揭諦，波羅揭諦，波羅僧揭諦，菩提薩婆訶）

後來，我又從「佛陀傳」得到有力的佐證，因為其間有一段話是釋尊正覺第四週後，坐在一菩提樹下尋思的：

「我已證入真理，可是，這條真理深妙難解……只有智者懂得……一般人都被慾望征服，也被黑暗包圍，根本聽不進去……。」

在那條真理裡，也包括彼岸的情狀描寫，因為釋尊去過那裡回來，曉得彼岸實在太好，才有意告訴世人這個訊息。但是，他正在猶豫不決，擔心世人聽不進去。幸好，梵天出面央求釋尊不要灰心，娑婆世界的衆生，不是全都麻木不仁，也還有些清醒、明理的人。釋尊答應後，即刻開始初轉法輪，接著，馬不停蹄到處宏法，直到他躺在娑羅雙樹間圓寂為止，都毫不保留地吐露彼岸的美好幸福，奉勸大家一定要去，同時，也慈悲地教誡大家怎樣去法。

那麼，彼岸到底是怎樣一個世界呢？老實說，我沒有去過，不敢亂寫。然而，我可以根據佛經上的記載，簡短地描述出來。

首先看《維摩經》的描述：

《維摩經》上說，彼岸是塊人間淨土。佛陀曾用腳趾按地，立刻三千大千世界，無量珠寶和莊嚴，大地金色，整個世界都變成清淨莊嚴的國土，表示這是心裡的世界，只要心境清淨，外界也會隨之清淨。

維摩詰居士結婚成家，有妻子，也修梵行。他和俗人一樣，要做某種行業養家謀生，也到過各種場所，接觸各類人物，但他對金銀不執着，也不被汚濁環境感染，反而利用機緣教化衆生，日常生活很實在。

生活在這裡，好與壞、有與無、生與死等，都分得很清楚，正是不二法門的世界。例如生很歡喜，死亦無怨；真正看透生死，當然，對死亡也就不覺得悲哀、可怕了。

總之，這裡是心淨第一，凡事要淨化內心最重要，只要把心境的灰塵掃乾淨、彷彿一面潔亮鏡子，反映的萬物也一樣潔淨而不厭煩。

其次，再看《阿彌陀經》上記載：

這裡是極樂淨土，時空和生命，就和阿彌陀佛一樣，無限無量，遍滿一切，氣候永遠清涼，衣食永遠自在，不會讓眾生憂愁。凡是我們六根所接觸的境界，都莊嚴快樂。例如建築用七寶嵌造的，遍地黃金，風景優美。物質生活盡善盡美，永遠沒有匱乏。周圍都是一群善知識，彼此關照，每日以禪悅為食，彷彿一個和諧大家庭；其實，要到那裡也不難，只要勤念阿彌陀佛的聖號，即使罪業深重的人，也能往生到彼岸的極樂世界。

還有《藥師經》也指引琉璃淨土。這裡經濟豐厚，金銀財寶到處皆是，眾生經常親近藥師如來，修福修慧，都能順利。這裡沒有男女相，不會出現桃色糾紛，社會非常淨化，既無畜生、餓鬼，也無地獄、惡趣。因為沒有作姦犯科，自然沒有牢獄和貪官，政治清明，真是非常殊勝的所在。

另外，還有《華嚴經》的華藏淨土，《彌勒上生經》的兜率淨土等處，也全是理想的彼岸，都可以任人前去，只要真心依照佛的指示前往即可。

那麼，我們要怎樣才能到彼岸呢？意思是，應該做那些事才能去呢？彷彿現代人愛講資歷，喜歡談條件，例如報考學校或公司，也都要通過考試或測驗，待及格後才能如願和上榜。佛經上說，實踐六波羅蜜——布施、持戒、忍辱、精進、禪定和智慧——才是到彼岸的道路。

一談到布施，許多人以為樂捐或建廟即是，其實，也有精神方面的法施與無畏施，以及「無財七施」。

值得強調的是「無財七施」。依據《雜寶藏經》卷六所說，好眼色、好臉色、說好話、有禮貌、好心腸、起立讓座和提供住宿等，都是有福報的布施，《金剛經》還強調無相布施哩！

持戒的精諦，係以五戒為主的修行項目，說得更具體些，就是生活上貫徹守法精神。

忍辱即是「忍耐」，為人處事都不要以自我為主，處處要為對方着想，凡事要謙恭、容忍，心頭上去掉「我」字，才容易落實忍辱行。

精進即是「努力」，不能偷懶，記住不進則退，彷佛逆水行舟。生活上也要不停地提升品質，不能一直在基本欲望上踏步，成功的原動力在精進。

禪定是佛教的重要特色之一，聚精會神，修行善業。禪宗常以「坐禪」來表示，因為禪定工夫來自那裡，才能除盡內心的雜質。

智慧也是般若，它的重要性非比尋常，若無智慧，必然沒有洞悉事物的智力，佛經為智慧的依據，也要靠實踐佛的教誡才能得到。

但要牢牢記住，這些只是往彼岸的方法或途徑，也可說是工具。所以，我們不能執着工具，那些只是方便我們順利抵達對岸，而不要抱著它不放。它們彷佛一條木筏，可以靠它渡河到對岸，否則到不了目的地。

關於這一點，佛陀特別交待要謹慎，別像死讀書，讀書死，或讀死書一般書蟲，應該恪守「盡信書，不如無書」的格言。巴利文《中部經》有一段譬喻值得深思。佛陀說，他的法好比渡河的木筏，不是為人執取，或用來扛在肩上。

換句話說，這些教誡只用來渡人，讓乘客安全，順利抵達對岸罷了。說得更確切些，佛教的三藏十二部，都是這個目的，而不是為了滿足世人求知的好奇，因為佛陀是一位腳踏實地的教師，他不愛談玄說妙，只教大家怎樣到彼岸去享受福樂而已。

反過來看，有彼岸存在，也當然有此岸，才能隔岸相對。那麼，此岸是怎樣個所在呢？說來也許無人相信，大家眼前立足的此岸，卻是非常污濁、辛苦和多災多難的地方，佛陀在《法華經》第二品裡，把世間譬喻為火宅，而且是腐朽破爛的三界火宅，因為生活在這裡，經常被生、老、病、死、憂、慮等毒火包圍，命裡不斷嚐到戰亂、飢餓、疾病和貪婪等煩惱。可惜，世人一無知覺，仍然陶醉在其間。

《衆經撰雜喻上品》裡，也把我們的三界——此岸，譬喻為牢獄。內容是一則相當精彩的說話。大意是，一個死囚面對死亡恐懼，乃越獄逃走。依國法規定，逃獄者要由瘋象踩躪致死。當然，國王放出瘋象追殺他了，他迅速跑到一個大井裡。不料，井底有條大毒龍，正想吞吃他。他向井邊四盼，又目睹四隻毒蛇，各據一方，口吐毒焰。此時，瘋象追近了，他不自覺地抓住周邊的草根，垂頭喪氣在顫抖。更可怕的是，他看見兩隻白鼠正在咬著草繩。如果草繩斷時，他馬上會落到井底，成為毒龍的餌食。

此時，他始悟世間無常。他抬頭仰望，井邊一棵樹葉上，竟滴滴掉下甘露般的甜蜜，剛好能掉進他的口中。這樣才解決他的飢渴需要。雖然，處在這種惡劣的環境裡，危機四伏，命在旦夕，他卻不知不覺地習慣這種生活，僅靠滴下的甜蜜過日子。

佛經的解釋是，牢獄譬喻三界，死囚譬喻衆生，瘋象譬喻無常，枯井譬喻家庭，毒龍譬喻地獄，四條蛇譬喻地、水、火、風等四大，草繩譬喻人命，白鼠譬喻日月。日月蠶食人的性命，讓生命天天減損。死囚的衆生，執着滴下的甜蜜，歡娛人間，面對無常痛苦，反而不知不覺起來。

就常識上說，人間既然有這些災難苦痛，但是，我們也照樣得在這種世間活下去。因此，我們需要一套生存的智慧，而釋尊的教誡正是這套人生珍貴的智慧寶庫，因為它能指引世人怎樣解脫層層苦惱，安全到達幸福的彼岸。

更重要的是，人不能待死後才能到西方淨土，而在呼吸飲食間，照樣能到彼岸，照樣有辦法讓所立足的大地變成清淨、莊嚴的淨土。

彼岸不是富豪和官吏的私有地，也非碩儒和學者才能去的地方。不論性別、種族和社會條件，任誰都能靠六波羅蜜的實踐到彼岸。人生苦短，不要猶豫，不要懷疑。那裡是鳥語花香，遍地黃金，不匱衣食、永遠福樂。學佛的人在起程前，不妨記住密勒日巴尊者的教誡：

「多學廣聞無利益，汝應一意專心修，修持精神心要法。」

還有《法句經》一首詩偈值得學佛的人警覺和精進，同時要牢記在心上，那就是：

「人類之中，到達彼岸的人少，其餘的人們，只徘徊在此岸。」（第八十五偈）

佛友們！趕快實踐六波羅蜜到彼岸去吧！

勇士形象

許多年前，我讀過一本書，名叫「勇者畫像」。可惜，我幾乎完全忘了該書的內容，只依稀記得書裡的幾位勇者，對於人生有不同凡響的領悟，在生活上表現卓越不群的態度，我的印象僅此而已。

近日，報載幾位類似「勇者畫像」的人物，聽到死亡宣佈所表現的言行舉止，在在顯示他們都是不折不扣的勇士，讓我有無比的感動。他們不分族裔性別、年齡和國籍，有些人可能不在了，有些人能活的日子屈指可數，但是，他們都很令人讚嘆和懷念。原因是，他們知道自己的性命不保，仍然不疑不惑，無畏無懼，毋寧說，他們反能以更開闊、樂觀的態度生活著，悠閒自在，按照人生的既定目標前進，難道這樣大智大勇的風範畫像，不值得世人一同頂禮嗎?

俗話說，人生如戲，戲如人生，好像美國的籃球巨星——魔術•強森，他在人生舞台上，如實扮演一位英雄角色。因為他獲悉自己有了愛滋病毒，知道剩下的日子不多，照樣活用眼前每一時辰、每一分鐘，我行我素，活得痛快淋漓，而不把死亡的陰影看在眼裡，真是不容易啊!

聽說那是個悽冷的早晨，強森也曾感傷地宣佈退出籃球隊，如今又站在同一地點，選在同一時間，歡喜地告訴大家，他又回來了。

其間，他曾如一個被宣判死刑的身份，勇敢地吐露自己得了愛滋病毒，接著，他向世人宣傳安全的「性行為」，呼籲大家避免傳染這種病。

同時，他也為愛滋病人請命，要求布希政府增加這種疾病的研究和照顧愛滋病人的經費。

強森以自己為例，挺身出來喚醒世人對愛滋病的注意與防範。他以自己為實驗版本，要證明適當的鍛鍊，嚴格控制性生活與運動，的確對該病很有益處。

老實說，強森雖僅灰心一陣子，但從沒有從生命的舞台上退下，他不僅努力喚起世人防範「世紀絕症」，而且要以身示範，告訴天下的許多「病人」，我能，你們也能，另外，他還更活躍地去享受每次太陽從東邊上昇的日子。

這才是強森一再傳達給世人的訊息，而不僅僅是要大家再以觀賞他的籃球絕技。

還有一位勇者是，美國電視劇的男明星，名叫麥克•朗登。他知道自己患了肝癌，能活的日子不長了，無如，他照樣對生命充滿希望。有一天，當記者們好心去探望他時，他向記者們打手勢，表示要奮戰到最後一分鐘。

不消說，世上尚有許多無名的勇士，給人留下的印象，與其說是一副悲壯的掙扎鏡頭，毋寧說，是熱愛和珍惜人生的畫面，讓健康的人，理解自己活著一天，就應扮演自己必須扮演的正派角色，豈可作賤生命？

從佛教的觀點看，上述的勇士聽到壞消息後，還生活得那樣灑脫，無疑真正了解生老病死的自然律，死期到了，不再執着於生，知道留戀也沒用，與其苦抓著不放，不如歸去。別看一個是運動員，一個是戲子，好像四肢發達，其實頭腦都不簡單。毋寧說，他們才是真正有智慧的人。

尤其，強森是黑人族裔，天生異稟，幸能出生在美國這樣教育自由和發達的環境，才能得到充分的照應與訓練，如果生長在非洲老家，恐怕不患愛滋病，也會默默一生，絕對不能成就世人眼中的英雄。

這不是他的福報嗎？但有福報也要自己珍惜。據悉愛滋病毒來自「邪淫」，只怪自己糟蹋了福報，才不能活得長久。當真無常最大，任誰都會怕它。

《金剛經》提到一切法，皆是佛法，佛法即是講緣生緣滅，譬如生病也要靠藥物來醫治。但有些病屬於絕症，吃了藥也治不好，那就不要再浪費金錢與精神了，那是業障病。不過，我聽一位老法師說，倘若有些疾病治不好，不妨發大慚愧心，非常虔誠地禮拜菩薩。

例如香港一位法師，不知患了什麼病，群醫束手，藥也治不了。最後，他發心拜觀世音菩薩、禮大悲懺。起初一兩天，一拜下去，就倒在地上爬不起來。但他掙扎起來又拜，這時，他湧起大慚愧心，跪在觀世音菩薩像前，痛哭流涕，懺悔自己無始劫來所造的惡業，才得如此重疾。他每天至誠不間斷地拜佛、求懺悔，起立跪拜再苦也不停止，最後，什麼病也沒有了。

台北也有一位佛友，得到一種怪病，台大醫院檢查結果，告訴她只能活三個月了。當她知道情況嚴重時，立刻放下萬緣，同時交代先生，在這段期間裡，讓她單獨留在樓上佛堂。她想珍惜有限的時日，專心多拜佛菩薩，祈求佛菩薩接引去西方淨土。換句話說，她在等死，同時也在發大至誠心拜佛。她在這其間，不接見任何人，連兒女也不例外。誰知三個月後，她不但沒死，身體反而一天比一天好。她先生覺得奇怪，不放心，又帶她上醫院檢查，醫生也覺得奇怪，病情完全好了。

當然，生病要靠醫生，也要依賴現代醫藥，而有些也許由心病引起，讓本人不知覺，在這種情狀下，記得佛法講「一切由心造」，不妨以堅強的心意和病魔戰鬥，只要力量夠大，就有獲勝的希望。就是心力強大時，也能消除惡業，不會萎靡至死。結果，也能作為一位大勇士。

說真的，跟年輕人或壯年人談到健康的重要時，他們也許聽不進去，因為他們還在生龍活虎的時期，也正在艷羨事業、學問、財富與社會地位。等過完了中年，直奔老境時，他們才會慢慢羡慕無疾而終的人，臨走前，不會躺在床上受苦，甚至灑脫地走了，自在地去了。

殊不知這是一種福報，也是一種修持，好像上述幾位勇士，有些屬於前者，而有些是後者。結論是，他們面臨絕境，都不會哭哭啼啼，或賴著不走，這也是勇士的形象之一。

對於這一點，《法句經》有一句詩偈，可做生死的最好註解。

「知有生必有死，而對生死皆不執着的人，

我稱他們為婆羅門。」（四一九）

這裡所謂婆羅門，不是意味婆羅門教徒與佛教徒的區別，只在提示：「精進宇宙與人生，真正開悟的人。」

上述的勇士們，無疑也是一群婆羅門吧！

怎樣活用精進波羅蜜？

美國政府的預算赤字，雖然多達天文數字，但是，近日仍發射火星探測太空船，想要尋求火星過去的生命跡象，了解人類可能登陸的地點，並擬在公元二千年以前，能夠順利抵達火星。這件科學成就，顯然在向宇宙的奧秘挑戰，追求天文知識的極限，科技上突破又突破，讓世人非常敬佩美國科技界的精進心，縱使耗費九億元也很值得。

在世界先進國家裡，日本的天然資源貧乏，卻養那麼多人口。照理說，他們會貧困潦倒，或餓死才對。事實上，他們也是世界巨富之一。原因如他們自己所說：「我們能用卓越的技術，活用世界各地方的資源。」果然，他們廉價進口原料，卻能造成附加價值極高的產品，暢銷全球，這證明他們的科技和文化水平很高，殊不知這些後天的成就，都來自日本人埋頭苦幹的精神。

反觀國人在科技或文化方面的精進心，就差得太遠了。中、日貿易逆差多達一百多億元，也是政府和民間苦心積慮要扭轉的劣勢，結果，不但事與願違，反而情況愈來愈嚴重。依我看，主要也出在我們的精進心太差勁。一位前駐日副代表林先生指出，台灣高談要引進日本科技，關鍵零組件一直是「口號」，他住在日本時，曾經想免費介紹日本科技，跟台灣廠商誠懇合作，惟有這樣，才能真正解決中日貿易逆差的問題。可是，幾年裡，台灣沒有一家企業真正有意要找他幫忙介紹，政府對此也不夠熱心。

日本人譏諷台灣工廠只想到東南亞，和大陸地區，貪圖工資便宜，而不想徹底提升技術，簡直本末倒置。不要遇到困難就想躲開，應該勇敢面對問題，真正去解決才對。

我心想，解決的關鍵，也是需要精進心。

每年中日貿易研討會，我都很注意雙方代表演講的內容。我們口口聲聲要日本落實技術轉移，協助我們產業升級，也就是從「垂直」合作，轉變成「水平」合作。俗語說，求人不如求己，日本的高科技也不是自己生下來就會，人家也是靠精進得來，日本人能，難道我們不能嗎？精進心不是與生俱有，乃是後天培養出來的。

台灣經驗可以傲視全球，國民所得接近一萬美元，進入開發國家之林，這足以證明國人追求財富的勤奮和才智。但是，我們不能自滿，應該邁向更重要的文化大國，創造第二次台灣經驗，若要達到這項目標，更需要一番大精進了。

《大藏經》卷十五有一段話，非常值得我們警惕。內容是：像頂生王等人，身居全世界（四天）之王，上天會落下七寶，和一切所需要的東西給他，簡直能夠比美提婆那氏（帝釋天），他固然有這種福報，卻也得不到。好像羅頻殊比丘雖然證得羅漢果，但他每天去行乞，一連七天都得不到食物，而托著空缽回來。後來，他入禪定，用火自焚，才進入涅槃，可見只有福德的力量，還是不能得道。若要成佛，非有一番大精進不可。

我常在尋思，若把上文的「福德」改做「聰明」或「才智」，用在中國人身上，那麽，意思就變成這樣——縱使中國人很聰明、有才智，若缺少一番大精進，照樣不能成就一等國家、文化國或福利國，老百姓也不能做有尊嚴，有教養的中國人。

事實上，中國人是絕頂聰明的，根據專家研究的結果，中國人智商最高，大大超過歐洲人、美國人和日本人。我生長和受教育的環境都在中國社會，身上也流著炎黃子孫的血液。之後，也在日本求學和經商，結交不少日本同學和朋友。

如今僑居美國社會，多少也了解美國人的作風，卻發覺中國人聰明反被聰明誤，做事不踏實，不重視生活品質，很愛喊口號，埋頭賺錢，只愛吃喝，不熱心公益，尤其，不肯在文化創造方面大精進……。

在菩薩修行裡，精進波羅蜜非常重要，佛教上有許多精進方面的故事和譬喻。菩薩若缺少精進心，一定不能成佛，不僅原地踏步，也許還會後退。因為學佛也彷彿逆水行舟，需要勇往直前，不進則退。難怪長沙禪師也說：

「百尺竿頭再進步，

十方世界現金身。」

意指悟道要不斷追求更高境界，整個身心要體現在十方世界中，一旦起了懈怠心，以前的努力便白費了。

人生這座山沒有最高峰，所以要精進不停。

其實，國家和百姓又何嘗例外？沒有鍥而不捨的精進心，去突破科技文化的瓶頸，那能成就最光輝，最令人尊敬的台灣經驗呢？光有聰明才智不足取，只有精進才能達到目標。社會文化的進步，跟學佛一樣，不能缺少大精進。

《大藏經》卷十六記載，關於菩薩精進的情況，可以知道佛的前生，也就是向在實踐菩薩道，仍在生死之身的時期，就愛把自己喜歡的東西，布施給天下蒼生，相反地，他們對待菩薩很不友善。雖然，其中有人讚嘆菩薩，但是，有人卻在傷害或羞辱菩薩。有人恭維或尊敬菩薩，有人反而輕蔑或侮辱菩薩。雖然，菩薩慈悲寬容，卻也偏偏遇到許多人在算計他。在這種情況下，菩薩發誓要救他們，不分彼此：「只要我成就佛道，一定要救度這一大群壞人，包括最壞的在內。」

縱使菩薩面對這群壞人，也不曾懈怠，不曾絕望，仍然起大悲心，彷彿慈母憐憫孩子疾病，一直放心不下。

總之，在任何情狀下，都不打退堂鼓，不起退轉心，只有勇猛與向上心，才是精進的真諦。

修行的路途如此，人生境遇也很崎嶇，遇到困難要愈挫愈堅，堅持到底。眼前，不論國際的大環境，或社會生活的空間，都難免劇烈的競爭，而競爭既嚴肅，又苛薄。若自己不求精進，縱有天生的才智，也要落敗，像中、日貿易逆差，就是明證之一。國人不精進，也會淪為失敗者，一輩子抬不起頭，失去做人的尊嚴。

精進是六波羅蜜之一，不說學佛求悟要精進，生活做事也絕對要精進，因為佛法不離世間法，乃是指引現實生活的法寶。

怎樣實踐布施波羅蜜？

據說一個大哥大級的死刑犯，在牢裡聆聽某位法師的法語，心裡起了巨大震撼，始知自己惡貫滿盈，懺悔之餘，開始皈依佛教了。之後，他在牢裡，時時念阿彌陀佛，天天跪拜觀世音菩薩，生活態度有很大的改變，顯然沐浴在法喜裡了。行刑前，他央求家人用佛教儀式火葬，同時，想把自己的器官遺愛人間，留給自己最後的贖罪機會。這是多麼感人的遺言。人之將死，其言也善，果然有了見證。而且，火化後還赫然留下舍利子，當場引起一陣讚嘆。這無疑給「放下屠刀，立地成佛」一次最周延的詮釋。

佛教裡，釋尊有三項不能，其中一項是，定業難轉，因果不能顚倒。雖然，有的人臨刑前放下屠刀，覺悟前非，無奈幹太多歹事，因緣成熟，照樣有業報，幸虧佛法大慈大悲，只要覺悟前非，回頭是岸，照樣肯接引和收容他，讓他有成佛的機會，免得墜入三惡道裡，飽嚐苦楚。

近年來，社會風氣愈來愈西化，由於國內醫學界不斷要求，法務部才答應死刑犯捐贈器官的願望。當然，這也是醫學上的需要，但它對於死刑犯有不尋常的意義。因為有些人發覺昨非今是，不想執迷不悟，才苦苦哀求給他最後一次機會，遺愛人間。站在佛教的立場上說，當然會持肯定與讚嘆的態度。

據長庚醫院社會服務處一位職員透露，那些死刑犯願意捐贈身上的器官，救濟別人時，面對死亡的態度上，就有顯著的不同，從他們臉上，不難看出他們內心的寧靜與滿足……。顯然，他們三審定讞，面對死亡的恐懼，臨死前，知道自己確實做一件善事，得到贖罪的滿足，和心頭的寧靜，也是人之常情，和意料中的事。

據說一位死刑犯臨刑前，檢查官照例問他有什麼話交代嗎？只聽他說：

「我這輩子對不起爸媽，不能善用他們給我的身體，只希望利用最後機會，把我這些還很健康的器官去救別人。」

當然，家屬在人走後，都不願意面對痛苦的回憶，由於器官捐贈，多少給予死者劃下好的句點，也可以減低家屬的悲憤、羞辱與自責，表示死者一時誤入歧途，死前也做出一點善事，這樣對家屬有正面意義，也是佛教寬忍與慈悲的另一面寫照。

誠如一位李姓死者的妻子表示：

「我先生死前願意捐出器官，挽救別人的生命，一方面給他臨走前，減少許多罪惡感，另一方面也讓我能重新面對社會上的歧視眼光。」

其實，不乏大乘佛教的佛菩薩，也以身體奉獻，當做最徹底的布施，寧可去救助別人或其他衆生，而捨棄自身。佛經上有不少這方面的記載。記憶裡，《六度集經》第一上說，有一隊商人都信佛敎，滿懷慈悲心，所到之處，都行布施，救窮濟困。但隊裡有一個窮漢，什麼也不曾布施，有一次，他向大家說：

「我沒有東西布施，幸好此身為借宿，棄之也不足惜。你們看看海裡的魚類吧！小魚不是都成了大魚的食餌嗎？實在很悲哀。我要捨棄自身，替代小魚，即使時間短促也不要緊，好讓小魚能夠延長些生命。」

他說完話後，馬上奮不顧身投進大海裡，當做大魚的食餌了。

還有一則說話更令人驚心動魄，簡直讓人看了鼻酸。那是《雜寶經》第一的故事，也是襯托釋尊生前實踐菩薩道時，多麼慈悲徹底，一點兒也不含糊。那時，他也生為王子，但卻不幸跟著父母流亡，在途中，他們吃盡糧食，眼見大家要活活餓死時，王子毅然表示：

「請父王每天割下一塊我的肉，才能使我們三人繼續前進，不要立刻殺死我，因為若我沒命了，肉體必然腐爛，臭氣衝天，你們就吃不下去。」

父王只好聽王子的話做，每天割下一塊王子的肉，才有力氣往前走。不料，他們始終走不到村落，眼見王子身上的肉只剩下三塊了。王子說：

「你們先吃下二塊肉，剩下一塊留給我吃！」

父母忍痛吃下最後兩塊肉，之後，只好自行上路了。

這種情狀震動了帝釋，帝釋立刻化身一隻餓狼，走近王子，央求那塊肉吃。王子心想：

「反正我吃了這塊肉，也是死路一條，如果不吃，也難逃一死，反正都難免於死，不如把這塊肉給狠吃，好歹也能救牠一命。」

他有了計較，就慷慨把最後的那塊肉給狠吃了。

習慣上，中國人都有保留「全屍」的觀念，其實，這也沒有合理的根據。佛教儀禮並不重視這一點，反而比較在乎死者的功德，和死的動機。

往者已矣，來者可追，死刑犯難逃法網，無疑是本人自作自受。只要他在最後一刻，湧起懺悔心，想藉器官的捐獻，來洗滌自己受污染的心，也很值得同情。這樣讓他有重新做人的機會，未嘗不是一件悲劇中的喜劇——救助另外的人。

依照佛教的緣起說，任何人有生之年，不論生命活多久，多少也給予周圍所有的有緣人，在身口意方面留下若干影響，而這些也會傳到下一代。器官遺愛人間，不消說，也散發人性芬芳的一面，器官受益人和家屬，一定不勝感戴死者的德行與善意，這樣，也可以讓他早日跳出輪迴，奔向解脫。

最可怕的是，行刑前還埋怨社會對不起他，口口聲聲說死後要報復，更談不上捐贈器官來救人。

總之，菩薩和凡夫只有一線之隔，那就是有無悲願的問題。

報載德州佛教會發起一項骨髓捐獻行動，由宏意法師率先捐獻，之後，有六、七十人紛紛響應了。

起因是，一位台灣留學生溫女士罹患白血症，也就是俗稱的血癌，這種病須在十二到十八個月內，找到合適的骨髓進行移植手術，可惜，她有四個弟妹都無一人的血液與她相同，因此，她才要仰賴善心人士伸出援手。

所謂骨髓捐獻，是把健康骨髓適量注入患者的脊髓中，以恢復他正常的造血機能，重建患者的免疫系統。無奈，合適的骨髓，必須從數以萬計的捐獻者血液比對中才能找得到。

在佛教裡，救人一命，勝造七級浮屠，捐獻骨髓，拯救溫女士，也是菩薩行為，和徹底的布施。

菩提達摩面壁九年，終日默坐，身體也凝然不動。但是，他曾經說過：「心佛不二，故言：即心即佛。」起心動念，傾向佛道，當然是佛，一絲善念，湧自心頭，曉得遺愛人間，不就是佛菩薩嗎?

死刑犯肯布施器官，跟菩薩捨身餓狼的大悲心，等量齊觀，一樣感人，一樣得到福報。

《大藏經》卷十記載，菩薩實踐布施波羅蜜時，曾有一群乞丐貪求無厭，什麼也要索取，包括菩薩的雙眼、頭腦、首部、妻兒和各種珍寶。但是，菩薩既不動心，也不吝嗇，更不發愁，不起疑心，一心為佛道，而統統布施出來。

可見，器官捐贈是最徹底的布施，也是一項菩薩道哩。

百尺竿頭，再進一步

全美國的電視台，不分晝夜，都會選擇適當時段，播出非洲飢荒，男女老幼皮包骨，奄奄一息的實況。這個節目是否為慈善機構，或電視台自願提供，我不清楚，但是，他們的目的都一樣，只想喚起美國人的同情心、布施心……我除了第一次從頭到尾看了一遍，之後，我都視而不見，或故意模糊雙眼，原因是，情狀慘不忍睹，我心想：「怎會出生在那裡呢？」在這剎那間，我一面慶幸自己能夠舒服的坐在家裡，生活不缺什麼，另一面也想創造更美好的日子，不能到此為止。

不消說，出生在那裡是業報，但眼前貧困交迫、三餐不繼，完全是自己找的，為什麼附近的國家不會呢？既然出生為人，豈能靠天吃飯，任由壞人宰割，自暴自棄？

前幾年，我身邊有幾位台灣逃來的經濟犯和票據犯。當然，他們不肯實話實說，只推說被別人拖跨。他們妄且談之，我也妄且聽之，並不去查詢。其中一位台中縣的老吳，當年是很成功的營造商，因為他懂得跟都市計劃課的官員交往，也許俗稱利益輸送，說難聽一些，正是官商勾結。據說他先把該區的便宜田地買下來，共計××甲，反正數字很可觀，如今都列入都市計劃區裏了。如果按照現價計算，縱使房地產再不景氣，他的財富也可以多達九個數字。誰知人算不如天算，有一次標工出紕漏，籌不出現金付款，才被迫用土地權狀還債務，自己匆匆拋棄妻兒，隻身逃來美國了。現在，他雖然也在洛城幹本行，不過，他完全放下身段，淪為技工，不論風雨，都手持鐵錘等工具，敲敲打打而已。他每次來訪、閒聊時，都會情不自禁地嘆息：「如果那些土地還是我的，我現在不得了了。不說擁有全部，只留一半，我也不得了。」緊接著，他懷疑地問我說：「這是不是因果呢？」「當然。」我點頭稱是，世事看多了，類似的例子還真不少。許多人前半輩子賺大錢，自己卻沒有享受到，原因很多，結論是，沒有福報罷了。

例如還有一位塗先生，來美國後，為了要創業，一直想拋售台灣的私產，即是五甲山地。可惜，當時山地不好賣，他才被迫央求一位堂弟接手，當然，售價幾乎任由對方來決定。反正塗先生急要現款來解決燃眉之困。不料，僅隔一年，台灣房地產又恢復舊觀，堪稱空前的繁榮，只要有土地都能待價而沽了。果然，塗先生苦等十幾年沒有得到的利益，反由堂弟一轉手得到五倍的厚利，害得他們夫妻每一想到就開始爭吵。太太怪他沒眼光，我聽了就安慰他們：「世上誰有眼光？只能怪自己沒有福報。」

他們聽了才不再怨天尤人，之後，看他們也蠻留心此事，我也進一步指引他們造福報的方法——「先造福因」。

「誰播下的種子，就該由誰來收穫」，我忘了這是那位大德的名言，但是，事實千眞萬確。這條自然律遠比在當今最講法律，也最守法的先進國家，還要有保障。自己造的善業，別人搶不走。有一首《法句經》的偈語為證：

「善不是由父母所為，也不是由親族所為。
只要心向正直，行善得福會更多也更大。」（四三）

有人說，世間是個大舞台，每人天生應該扮演某種角色，也就是要藉此種福因，和造福田。俗語說：「不能以成敗論英雄」，意思是，事業雖然失敗，卻不表示他缺乏才智、學問和其他。例如經濟博士不見得能變成富豪，經營博士也未必能管好一間工廠。但可以肯定的是，成功的人都是很有福報，也懂得造出更多福報。因為他們都有自知之明，不見得完全靠自己的本事，俗話說：「冥冥之中有貴人相助。」那就是自己的因果在運作。

我每次翻閱慈濟功德會的雜誌，總會看得到證嚴法師身邊前呼後擁，不乏第一流人才幫她籌劃，更令人感動的是，還有「長」字輩的善信，平時很威風，財多勢大，卻肯跪在法師面前，奉上功德金，事實上，默默在做慈善事業的人，豈止他一位？無如他的福報最大，才能登高一呼，連教外的善心人士都蜂擁而至，結果積沙成塔，完成菩薩心願。法師也不諱言初到花蓮，幾乎三餐不繼，沒有棲身之地。但他如今成了現代觀世音，連政府做不到的事，都要靠他來完成。例如社會救濟，和淨化心靈的事業，尤其後者，簡直非他莫屬，不是光賴政府有心立法執法，或三申五令能夠解決的。

但是，他有一句話令我最難忘懷：

「惜福，還要再造福，福德造得愈多愈好。」

這話跟長沙禪師所說的意思相通，因為禪師這樣說：

「百尺竿頭再進步，十方世界現金身。」

寫到這裡，我也想起《法句經》的一首詩偈：

「今世能捨棄福德與罪惡，修持清淨行，

謹慎處世的人，才是真比丘。」（二六七）

這種風範何等崇高，何等重要。

日本著名的佛學研究者花山教授，曾在「輪迴解脫」一書裡，寫出下面一段話，很值得我們參考和警覺。

習慣上，花山教授會鼓舞那些現世裡，境遇坎坷的朋友說：「因為你上輩子造了惡業，所以，這輩子要趕緊做好事，下輩子才能出生在好環境裡，享受好業報。」他以教授身份，說出肺腑之言，讓對方聽了很安慰。同時，他也經常告誡那些眼前得意，事事如願的朋友們說：「你一定上輩子造了善業，倘若你肯再積極些，造出更多善業，下輩子一定會比現在更好。」對方聽了很受用，也表示要實踐。另外，他對於比較懂佛理的友人，也會吐露更得體的話：「你雖然錯覺眼前的生活不錯，家庭、事業都順利。如肯再造更多善行，以後就能免於輪迴的苦惱了。」

這真是法布施，三寶弟子都應該這樣倣效，隨機逗教，時時宏法。

洛城一位溫姓會計師，曾在國內向淨空法師學佛，也是一位大護法。平時，他常常邀請大德們來美國講經，熱心推動念佛班，可說功德無量。有一天，我坐在他的辦公室裏，職員們下班了，夕陽透過窗簾射進來，室內十分寧靜，只聽他說：

「我原來跟一位老同學在一家大公司上班，待遇不錯。當我要出來自立門戶時，那位老同學好心勸阻我，不要蠻幹，現在景氣不好。結果，我第一年的營業收入，就比我預料的多出兩倍。之後，年年增加，如今，我擁有一大間辦公廳和整棟大樓了。那位老同學羨慕我：『傻人有傻福。』不久，他也學我出來開業，但是，他幾年來一直做得很辛苦，眼前更在掙扎裡，反而不如上班拿薪水。因此，我得到一個結論是：『我已經得到的，遠比我想要的還要多，擋也擋不住呀。坦白說，我不太重視佛學，但卻真正在修行。這樣給我一項明確的信念，那是我的福報，我還要造更多善行，以後福報會更多……。』」

他的話深深打動了我，我想，也會打動所有學佛的人。因為他確實得到了學佛的好處，領悟了可行的門徑，才肯好心吐露，誠懇相贈所有學佛的人。

當然，他也是我在洛城結交的善知識之一，每有佛教的消息，我們都會互相通訊。我雖然得到進步，但也不會適可而止。原因是，學佛無止境，造福也不例外。

行行出狀元

不久前，我聽到現任司法院長林洋港，建議我們的社會應該建立多元化的專業權威，摒棄功利主義的惟一價值標準，即所謂「行行出狀元」。教育家要像農夫，不要專門栽培一株百萬元的名貴蘭花為職志……。

聽到這裡，我十分感慨。一則埋怨這個建議說得太慢，為何等到社會弊端叢生，功利價值觀腐蝕了人心，才開出醫治藥方？縱使有朝一日能夠醫好這種弊病，也要相當辛苦，相當費時。二則欣慰政府高官，總算醒悟社會的病因在那裡，病情嚴重到什麼程度，倘若再不決心醫治，後果一定不樂觀，前途也一定會「無亮」。

依我看，老一輩的人必然會嘆息世風日下，怎能比擬五十或六十年代的敦厚民風？恐怕只有年輕人才會當局者迷，不論讀書或就業，那管什麼個人條件和職業價值，只要有大錢可賺，就往那一行業攢，那還理會什麼專業尊嚴與成就感，結果，做一行怨一行，也就不可能全心投入，或精益求精，最後自然沒有成就感了。在一知半解，彷彿走江湖賣膏藥，做一天算一天，只要發覺眼前有什麼賺錢的事，立刻改行換業，不在乎半途而廢，也不屑行行出狀元的價值和尊嚴了。

前年，我有一位好友是新竹縣湖口鄉人，來美國奮鬥十幾年，直到美國政府大赦，拿到綠卡了，他才能返國探親訪友。起程前一天，他興緻勃勃到舍下辭行，透露自己平時很想家，也很思念親友，如今有機會回去，一定要環島旅行，看看國內的進步情況，估計兩個月後回美國……。我誠心祝福他一路順風，事事如意。不料，他只回台灣一星期，就匆匆回來，簡直嚇我一大跳，問他什麼原因，起先他堅不吐露，經不起我再三盤詢，他才搖搖頭說：「親友們一開口，就問我美國遍地黃金，一定發了大財，衣錦還鄉，問我幹什麼行業？我說現在拉保險，生活無憂，但沒有發財，因為缺乏資本。不料，他們一聽臉色變了，認為拉保險，就像在台灣挨家挨戶求人一樣，還會有什麼搞頭？他們不知我在洛城最有名的保險公司待這麼多年，年年成績都冠亞軍，從沒有屈居過殿軍，連老美都誇我是保險專家，拉保險的將軍。」

他說得沒錯，在美國，不論幹那一行，只要有成就，或對社會有貢獻，都會受到大家的肯定與尊敬。本來，三人行必有我師，術業有專攻，隔行如隔山，這些都在詮釋專業價值與尊嚴。可惜，國內這方面的認知太差了。

社會價值被歪曲了，因為金錢掛帥，只要有利可圖，說得難聽一些，好像開應召站，或當小偷，只要不被捉到，出門能開賓士車，手戴勞力士錶，好像都不會被人輕蔑，而當事人也沒有罪惡感和羞恥心，功利的歪風，簡直惡劣到極點。

相反地，日本社會極重視專家學者，一則他們真正有一套本事，也有事實的證明，即使分工精細，各行各業，也都不愁沒有狀元或秀才。另則，他們習慣上做事不馬虎，一切靠眞才實學，一知半解或打迷糊眼，絕對混不下去。

不論幹那一行，都要慎重選擇，從年輕時代起下定決心，然後心甘情願幹一輩子。只要幹得出色，不怕沒人尊敬，或沒人找上門。譬如工廠的品管極嚴，只要品質好，不愁沒人買，也不怕價錢貴。所以，商標或店號，猶如工廠的生命，也代表技術水平、榮譽和尊嚴。這些都包括在專業範圍裡，普遍受到重視。例如一談到新力或豐田，大家都會肅然敬佩他們的專業技術，而他們公司也以此為榮。

六十年代，我初到日本，寄寓在中村教授家裡。有一天，他說不遠處有一間洋傘店，貨色堪稱全日本第一流，問我要不要散步，順便去參觀？我說：好。待我走到該店一看，果然門庭若市，生意興隆。只見店裡有三個很不起眼的又矮又老的先生們，旁若無人，正用熟練的雙手，在埋頭製作。

我看了半晌，忍不住問中村教授，他們都從著名大學或專門學校畢業嗎？中村教授搖搖頭說，他們沒有學歷，都是學徒出身，但技術實在沒有話說。談話間，他非常誇獎他們的專業地位。我心想，「『學歷無用論』在日本果然站得住」。

在歐美先進國家，也不時出現某位音樂家、畫家或運動員，風靡社會各個角落，受到廣大群衆的喝彩。例如魔術強森，無異美國人心目中的偉人，只因他的球技太棒了。不說他的年薪一千四百五十萬美元，多過當今總統好幾百倍，連他的舉手投足、言語生活，都有人效倣，可見他的專業成就，得到多大肯定。因爲多元化的專業權威，處處受到崇拜，一點兒也不含糊。

國人最壞的習慣是，每次總愛問人在那兒上班?幹那一行業?緊接著，就問待遇多少?倘若待遇不高，什麽職業也不値一談。例如我家鄉的李君是一位職業作家，在國內文風不頂盛的環境裡，能靠搖筆桿生活，算是難能可貴了。何況，他每年至少能夠出版幾本書，流通市面。剛巧他的堂弟是鄉公所的淸道夫，年收入合併獎金也不算少。結果，鄰居笑李君，寫小說有什麽用?不如當淸道夫，或到夜市擺地攤。因爲在他們的心目中，不屑「小說家」這種知識份子的名銜，當然，也瞧不起那份行業的稀有價値了。

事實上，大家都想要錢，但也不是每種行業都能賺錢。例如當老師或護士，只能領薪水，日子過得安穩，但卻不能忽視他們的專長，只要他們稱職守法，發揮所長，成為優秀老師或護士，就値得尊敬，因爲專業與賺錢是兩回事。

國內常常有一種錯覺，愛執着假象，以為某人某科系畢業，或從國外某大學拿到某科目博士學位，就認定是專業權威，其實未必。例如美國大學有三千多間，難免良莠不齊，有些甚至只有幾名學生，根本談不上設備師資，連教室都臨時租用，這種學校的博士不要也罷，但遠在國內的人那會曉得呢?而且,有學歷未必有學力。日本一位經濟學博士,做股票虧本,被太太瞧不起而離婚了。

我有一位吳姓朋友,也是美國某地方大學的經營博士,正在經營小玩具店,每月入不敷出,眼見要關門,可見他也沒有非凡的經營絕招。

專業的意思,就是有真才實學,不管學徒出身,學士、碩士或博士,絕非憑嘴巴吹噓,而是能露出幾手,否則不算。

日本人習慣重視某行業的專家,只要一聽幹那一行業,技藝精熟,也就能判斷對方的收入和地位,至於多少待遇,純粹是個人的隱私,向對方打聽很不禮貌。日本下圍棋或打棒球,只要技藝好,不但終身吃穿不用愁,也能登上名人榜,深受社會人士的禮遇。前者如林海峰,成了圍棋界的國寶,後者如王貞治,乃是家喻戶曉的英雄,知名度和被尊敬的程度,恐怕比日本首相還高哩……幹一行要精一行,行行有出路,也有英雄豪傑在。

例如有一法國博物館,名爲奧古斯特,竟是「廚師之王」。因為他的烹飪手藝超絕,生前能讓人豎起大拇指,死後也有人成立博物館憑弔他。不像國內立像紀念,只能限於少數特權人物,好像別人的成就不值得記憶。

從前,台灣一位醫學界前輩徐千田教授說,一位手術家的生活,應像一位將軍。因爲一位偉大的將軍,最光榮的是,應該捐軀沙場,而偉大的手術家,也應該死在手術枱邊,才算死得其所。因此，他不輕言退休或改行，更無意放下手術刀。這種熱愛專業，執着理想的態度，值得我們肯定，也值得讚嘆。

佛教的果位，是修行證悟出來的成就，不是金錢買得到，也非權勢抓得到，堪稱一種專業尊嚴，至高無上，與神聖不可侵犯，從凡夫修到聲聞，再證得阿羅漢、辟支佛、菩薩，以至成佛作祖，都代表修持功果，在世間，受到最高的尊敬，是不容置疑的事。

佛經裡，有許多故事，都在讚揚專業成就。例如，《華嚴經》記載善財童子五十三參，等於請教五十三位各行各業的專家，而善才對他們畢恭畢敬。《維摩詰經》敍述維摩詰居士不是出家人，也非佛教界的僧寶，但他對佛法有非凡的造詣。當他生病時，許多崇敬他的人，上自國王大臣，下至富翁、居士和婆羅門，舉凡有聲望與地位的人，都紛紛來探病，連釋尊也派弟子去。當然，除了讚嘆他的德行，也敬佩他的佛學造詣。

在古印度時代，講經宏法也算一行職業。例如《阿含經》上說，釋尊到摩伽陀國「一茅村」時，剛巧碰到一個名叫巴拉多伽的婆羅門，做完田野作業，正要吃飯。他眼見釋尊走近，不太願意布施，反而冷言冷語，以為釋尊不事生產。但是，當釋尊解說宏法本身也是一種職業，自己也在修持上有所成就時，對方聽了才頂禮膜拜，之後也皈依佛門了。

《本生因緣》有一段感人的記載，說到一位國王渴求佛法，始終不能如願。後來，一名婆羅門跑來稟告，只要誰肯供養身肉一塊做燈芯，就會給予一偈。國王立刻答應，也照做不誤，但不會用權勢和金錢收買他，顯然尊重對方一首偈，那也代表一種特殊技能，和專業成就。因為它能讓人如獲甘露，解除苦惱，非等閒的話可比。

釋尊有一次患病，也請耆婆開藥方，尊敬他的醫術專長。依據《有部毘奈耶破僧事》上說，阿難背上患小瘡時，也請耆婆開刀治療，不敢拿生命開玩笑，不知為不知，才是一種務實態度。

英國故首相邱吉爾說：「每個人天生註定要扮演一種角色。」他說得沒錯，社會上三百六十種行業，行行都要有人扮演。這樣，社會的運作才能正常，而每個人都要從事一種行業，也該做得有聲有色，對人群和社會有貢獻，才會得到大家的尊敬。

最後，我要引用一位醫生朋友的話：「一個人若沒有一技之長，就應至少做出一件有意義的事，就像我在解剖屍體，一輩子行屍走肉。」

我敢打賭，這句話涵蓋專業與人生的重要意義，而非純粹指賺錢才是最要緊。

怎樣才是中道的生活觀？
——兼論日本人的自殺癖

日本人有兩種「死法」舉世聞名，一種是自殺死，另一種是過勞死。本來，這兩種死法在世界各地都有，但在別的社會只是寥寥例子，而不像在日本那樣普遍，出現比率那麼高。先說自殺死，日本人偏愛最殘忍的切腹，這種自殺方式無疑是日本人獨有的，表示慷慨壯烈，可歌可泣，才特別賦予不尋常的意義，好讓日本人覺得切腹死不那麼可鄙。我想，這也是日本民族性的一種象徵吧？

據說日本人的死亡觀，頗受佛教的影響。因為日本的空海法師在唐朝時期到過長安，曾在青龍寺慧果法師門下學禪。當他學成歸國時，師父的臨別贈言是「日出日沒，物之常也。菩薩不住，如來亦滅，吾亦庶幾，不如歸真。」空海法師回國後，也宣傳這句法語。還有一位高僧——一休和尚也曾嘆說：「愛沈思的人，有誰不想自殺？」加上日本的騷人墨客，目睹櫻花開得燦爛，不久突然落滅，對於人生無常特別敏感，也對「空」和「有」有不尋常的悟解。難怪日本不少大文豪的下場，都是自殺了結。例如有「文學鬼才」之稱的芥川龍之介，僅活了三十五歲就自殺，眞是英年早逝，使日本文壇損失幾本佳作。還有三島由紀夫也為了追求死亡的「淒美」而切腹自殺。更有諾貝爾文學獎的得主——川端康成在七十歲高齡時，居然活得不耐煩，開煤氣自殺了。他生前也批評過自殺的前輩——芥川：「不管多麼厭離現世，自覺均非覺悟的形象，無論德行多高，自殺者都距離大聖境界甚遠。」可見他的人生觀有多麼矛盾。

至於「過勞死」，近來在日本幾乎是很普遍的例子。例如東京某社會福利團體，附設「過勞死」專線電話，接受民眾的詢問與投訴。據說每天電話應接不暇，顯示過勞死已成為嚴重的社會問題。難怪法國前女總理克赫松批評日本，有如工蟻，只知拚命勞動。不久前，三井商社有一位名叫石井淳的社員，由於長期一連串國內外出差，導致過勞死亡，才被政府判定商社要支付賠償費。

日本是高度已開發國家，社會特徵是緊張、忙碌，尤其，一般商社職工為了追求個人與商社業績，都會全力以赴，不辭勞苦。因為他們是終身僱傭制，員工超時加班，下班後喝酒應酬，或帶作業回家，比比皆是，這樣很容易出現過勞死。往好的方面說，社員追求無限成就，勇於向困難挑戰，才能使商社和國家的多方面成績「一級棒」。反之，個人的精力到底有限，沒得適度休憩，鐵打漢子也吃不消。說得難聽些，過勞死也許是經濟動物的下場！但話又說回來，創造日本經濟奇蹟，他們功不可沒。因為終身屬於商社，那麼，商社的意義，對他們幾乎跟家庭可以相提並論，同樣很重要。在這種情況下，個人的自由意志常常被剝削，社長或主管一聲令下，無異軍令如山，只有向前衝刺，至死方休。何況，在競爭激烈的商場上，不論個人或商社，都會拼命追求利潤，否則，商社會被迫關門了。因此，他們過勞死的根本原因，與其說出在個人與商社，毋寧說，出在人性的「貪」欲無窮盡。面對這種現實，若要避免過勞死，一定要有相當的生活智慧。

另外，日本商社通常週末不放假，後來，被國際商場譏諷為工作狂和經濟動物，才被迫週末放假，盡量配合西方國家的習慣。為了解決過勞死，報載日本商社又率先思考一個新問題——是否該降低一點競爭力？以討公敵們的歡喜呢？同時，也能讓員工有喘息機會，真是有意思。

日本也是高齡化很嚴重的社會，國民平均壽命全球最高，過勞死無疑是日本社會的最大諷刺。世界衛生組織主任中島廣宏說：「更健康的生活方式和教育」可以預防死亡，我想，只要個人或商社肯在「貪」字上讓步，過勞死應該能夠避免才對。

日本和美國的職場狀況不同，那麼，美國人的工作觀和態度未必適合日本人，然而，美國人的生活態度和工作觀似乎不那麼執着。毋寧說，美國人比日本人開闊和明智多啦。報載美國人愈來愈重視休閒生活，許多人寧願減少收入，也要換取更多空間與時間，因為他們很重視美好的生活。調查結果是，十人中有八人願意放慢工作節奏，希望有更多時間和家人在一起，有人因此拒絕升遷。結論是，他們需要更好的平衡生活。

依照《涅槃經》聖行品上說，外緣死裡，包括被迫自殺和被人殺害，當然，全是慘死、苦死，他們徹底破壞自己的一切福德，死後會淪入阿鼻地獄。那麽，日本那些過勞死者也是身不由己，屬於被迫自殺，其心可憫，下場可悲。

世間流行一句口頭禪：「人不怕錢多，只怕沒錢或少錢而已。」若要多錢，只有拚命賺錢。「君子愛財，取之有道」是中國人的名言，日本商社也許誤解此句的「道」字，因為此「道」不是「愛財如命」、「寧為財死」的「道」。寫到此，我想起佛經上一段記載，可做為此話的詮釋。

且說一個商人出海挖寶，不料在回途中，船隻出事沉沒，船上的珍寶當然全部消失了。只見那個商人高興地舉手說：「失掉財寶啦。」

許多人不解地問他：「你失去財寶，只剩下這身裸體出來，還高興叫著失去珍寶，為什麽？」

對方答道：「一切財寶裡，人命第一。人是為了要活命才求財，而不是為了財，才求命啊！」

《大莊嚴論》第十五也有一則頗富啟示性的故事，就是凡事要適可而止，不必逞強，才不失爲明智。有一次，釋尊在祇園精舍說法，他說，有一位修行僧叫做須彌羅，他跟國王談話投機，頗合國王的歡心，國王問他：

「你說得很好，那麼，你想要什麼？儘管說吧！」

須彌羅懇求：「敢請大王割些土地，建造僧舍給我。」

國王立刻答應，同時表示：

「你不必休息，只顧往前走，走多遠，就算得多少。凡是走到那裡，我就會把那些土地捐給你。」

修行僧大喜過望，趕緊穿衣，準備出去疾行。他心想，何妨走得快些，才能多得些土地。無奈，他的貪求無厭，走得太勞累，也還拖著腳往前衝。最後，他一步也走不動，只好倒在地上。即使這樣，他也臥地滾轉，爬著前進。不過，這只是短暫罷了。事實上，他已經滾不動了。此時，但見他將手上的拐杖往前一丟，大聲叫道：

「這根杖到達的地方，都是我的土地。」

看樣子，他會力盡死去，但又何必如此呢？如果這樣，也算是過勞死，由於貪欲所致，眞是一個癡漢子。

佛教的中道，在求平衡，也不走苦樂兩極端，人的生活領域有許多方面，不必執着一種，而忽視其他領域。近年來，我看到許多車輛和餐廳廣告，內容是家長和孩子一起的圖面愈來愈多，可見美滿的家庭生活格外受到重視。所以，工作、休閒和家庭生活，三者兼顧，才算圓滿與幸福。

茹素因緣

我跟老林認識三年，雖然不是深交，但因彼此都從台灣來到洛城。同時，我們曾在同一家旅館打過工，同是天涯淪落人，之後，兩人分手好幾年，也還保持電話聯絡，藉此解除寂寞的鄉愁。那天，我聽他說思鄉心切，決定要回國。於是，我約好另外三位同鄉，講好在蒙市一家中國餐廳給他送行。我在尋思，老林回台灣後不太可能再來美國，除非移民局的管制資料燒毀，因為老林在洛城非法工作好幾年了。

大家圍坐在餐桌前，正是夜幕低垂，肚子大喊空城的時辰。閒聊時，堂官先端上兩盤花生和泡菜。半晌，又端出一盤紅燒魚，香氣撲鼻。大家紛紛伸出筷子，挾些魚肉放在自己的盤碗上，只有老林默默不作聲，也沒動心的樣子。他的表情顯得有些嚴肅，我忍不住問他：

「今晚托你的福，我們才能聚餐，你怎麼客套起來？」

旁邊幾位也都放下筷子，側首瞪著老林。

「你們吃嘛，我吃素好幾年了。」老林說。

「啊！」大家幾乎異口同聲，面面相覷起來，因爲事先沒問清楚老林吃葷抑是吃素，就貿然點了菜餚。現在彼此埋怨，也都暗罵自己魯莽。我們很快改換素菜，重新點過，主隨客便，才不失今晚會餐的目的。

席間，一位陳君問老林，當初怎會吃素？動機何在？

老林算是快人快語，先點頭微笑一下。之後，他終於侃侃談起自己素食的經過。他當初茹素的動機，有一番刻骨銘心的因緣，大家聽他如怨如訴的談話也深受震憾，尤其使我更覺得慚愧，同時，我的心裡湧起一陣自責，才會執筆這篇記錄，留給自己永遠的警惕。

老林回憶高三那年，有一天，他在放學回家的路上，看見一個鄉下人提著水桶，桶裡有幾條肥大的活魚。據說是他們池塘裡養的，家裡捨不得吃，想賣幾個好價錢。老林剛好平時愛吃魚，更甚於吃雞鴨肉。尤其喜歡喝新鮮活魚的湯，因為母親前些時候煮過新鮮魚湯，放些薑片和葱塊，味道鮮美極了。如今一聽對方喊賣魚，他心裡一動，走前去一看。果然桶裡裝水，水裡有四、五條肥大的草魚，正在游動，魚眼閃個不停，嘴巴一張一閉，全身在踴動，老林看了非常歡喜。

問好價錢，老林自知身上的錢夠，才決心要買回去。

他掏出百元大鈔，買了兩條最肥大、最活潑的草魚，心裡好高興，提著草魚回去。

正巧那天爸媽遠出旅行，都不回家吃晚飯，弟妹年幼，都忙著玩樂，只好由老林親自下廚了。

那時，老林放下書包，興緻勃勃地把草魚放在盆裡，看他在水中躍動，也覺得蠻舒服。

片刻後，老林伸手抓魚，不料，肥魚的生命力極強，掙扎幾下，就從手掌中溜掉。害得老林費了好大勁兒，才以五指用力箝住魚頭，當然，尾巴仍然掙扎不停，力氣蠻大的，幾乎是拼老命的樣子。老林迅速用菜刀，剖開魚肚，取出內臟丟掉，殺了兩隻肥魚，足足費了半個小時。然而，兩隻肥魚死而不僵，雙眼似乎還在眨著，看樣子求生意志尚未完全絕望似的。

尤其，當老林目睹兩條大魚躺在切板上，魚身肥大，老林摸著魚肚好幾回，心裡反而怪怪地，有一點像人身的感覺，不過，那只是剎那的感受……。

老林切好薑絲，備妥葱葉、味精，只等大鍋的水滾，就要將兩條肥魚丟進去，不必切斷魚身，這樣比較有活魚湯的味道，老林正在得意地尋思著。

半晌，鍋子裏的水呼呼地響著，老林掀開鍋蓋，說時遲，那時快，他迅速地抓起兩條肥魚丟進滾水裡，然後放好蓋子。當然，魚兒被放進去，沒有發出半點兒掙扎的聲音。

片刻後，老林估計魚肉該熟了。他把切好的佐料放在碗裡，準備一齊放進去，不就成了色香味美的新鮮魚湯了嗎？老林掀開鍋蓋，一股水蒸氣往上衝，起初看不到魚身。一會兒，熱氣散掉，仔細一瞧，哇！簡直把他嚇一大跳。只見兩條魚肚煮爛了，皮肉裂開，魚頭更恐怖，魚嘴張開，牙齒暴露，樣子非常可怕，好像死不甘心，但又萬般無奈似地。在這剎那間，老林想起半個多時辰前，還在活潑躍動，充滿生命力的肥大草魚，眼前變成這個樣子，老林一時有說不出的嘆息，心裡產生極微妙與複雜的感情……。

總之，老林的心裡起了一陣騷動，毋寧說，情緒有些惡劣。結果，他那天晚餐只喝了幾口魚湯，始終不想吃魚肉，甚至看了就不舒服，反而讓弟妹們吃了讚不絕口，連說魚肉真香，味道真好。

那次的經驗，在老林以後記憶裡，一直不能磨滅，每次吃魚時，他的心情總是不太好，一想到那次情景，就嚥不下去。

以上是老林吃魚的回憶，接著，他談到另一件類似的經歷，才讓他下了決心不再吃葷，而改為素食了。

老林退伍回鄉，不久結婚成家，一時找不到適當職業，因為岳父母家裡開烤雞店，位於市場門口，生意很好。在妻子的提議下，老林也學習烤雞技術，準備自己也開一家烤雞店，只要地點適當，技術講究，不愁沒有生意。半年後，一切不出老林的預測，他找到一處十字路口開店了。而且，生意也不壞。據老林回憶說，每逢年節前，烤雞的生意忙不過來。有過好幾回，他們夫妻各騎一輛大型機車，深入鄉間，有時爬山越嶺，挨家挨戶找尋廉價的土雞。有一次，載回近一百隻大土雞，我驚訝地問他，兩台機車怎能載這麼多隻雞呢？老林嘆口氣說，的確很辛苦，山路不好走，太太也能幹，跟他載的數量差不多，但是，他沒有詳細透露怎樣載回家去的。

大約經營五年烤雞店，的確賺了一筆錢。他拿去買房子，同時結束了烤雞店，才改行做塑膠生意。

坐在我身邊的老張聽到這裡，插口問老林，即然烤雞店生意好，何必改行呢？老林答道：

「這正是我要說的重點，因為我起先自已親手殺雞，後來才買機器，改用機器殺雞。當我操刀殺死一隻又一隻時，看見雄糾糾的雞鴨一下子斷了氣，起初沒有感覺，殺久了我覺得很不自在，的確宰了一個生命，之後，雖然改用機器殺，把活活的雞丟進去，不到五分鐘就能殺好一隻，殺多了也有說不出來的感嘆，毋寧說，心裡很恐怖。有時，我在睡夢中也聽到雞的慘叫，好幾次就被雞的哀號聲驚醒，雖然我賣雞肉，自已卻不太願意吃，一嚼到嘴裡，就想到那隻雞的樣子，結果吞得不自在。我只好把實情告訴太太，她說也有同感，於是，我們經過一番檢討，覺得殺生這一行業不要幹太久，當初不得已才做，現在賺些錢了，應該改行才對。我們就這樣把烤雞店頂讓給人家，而且，從那時以後，我就開始吃素，什麼魚肉、鴨肉呀，都吸引不了我，我打從心底就不想再吃肉了。有時，我看到別人吃魚，也想起當年那兩隻魚頭，張牙恐怖的樣子；看人吃雞鴨，也忍不住回憶雞鴨被宰殺時的情景。總之，什麼肉我都不想吃了，到現在，我的身體也蠻好，不會因為不吃肉，就營養不良……。」

在座三人聽完老林的茹素因緣，都不由得沈默一陣。半響，老張笑著說：「聽老林這麼說，我雖然沒有這種體驗，因為顧慮膽固醇太多，我也想改吃青菜、豆腐了。」

老林的茹素因緣，對於學佛的人，無異是一段極有啟示性的教材，因為那是一種慈悲的本能在老林的心底顯露著。雞鴨的慘號，和魚頭暴裂的恐怖、無奈，證明生命結束前的掙扎，而每一類生命的尊嚴都一樣，至高無上，不分彼此；除非狀況不得已，否則，弱肉強食，那算萬物之靈的風範呢？

記憶裡，「人間」雜誌有一段記載，情狀跟老林的體驗也頗為類似。那是兩年前，澎湖港口有六十幾隻海豚湧到，村民很快去圍捕。結果，把二十一隻賣給海洋世界去受訓表演，又殺了二十一隻給村民分食。據說海豚被宰殺時，曾在沿岸劇烈掙扎，鮮血染紅了整條海岸，幾乎讓海水也變成紅色。因為沒有春雨沖洗，腥風血海，連日不退。當地一位老師嘆息說：「讓村裡的小孩看見這麼殘忍的場面，會有不良影響。」

在其餘四十幾隻裡，有些不適應環境死了，有些誤撞漁民設在外海的鐵網身亡了，只剩下十幾隻留在沙灣內，供遊客餵食觀賞，當作稀有動物。但有一位村長感慨地說：

「沒死的就會游走，沒游走的一定死。」

像海豚這樣，既無害於村民，誤入港口，慘遭如此下場，誰為之？誰令之？還不是自誇「理性」的人類。

有一位英國小姐到台灣旅遊時，看見國人在冬天有吃狗肉進補的陋習，並且殺狗手段惡劣、殘忍，令她難以接受。她回國後，聯名兩千餘人簽名，向台灣農會抗議。我心想，這份抗議內容，也是慈悲心的呼喚，奉勸那些愛吃狗肉者，也能尊重生命平等，別誤會除了人以外，其他動物的生命都可以作賤。

同樣地，美國匹茲堡醫院有十名醫生，參與一項長達一整天的手術，展開了一個需要器官移植病人的新希望與新紀元。因為他們發現狒狒肝臟能夠移植給人類。但有人反對這項新發現，指出動物也享有人類同樣權利，不能犧牲牠們，只顧人類利益。狒狒這種靈長類動物既有生命，也會一樣有痛苦。當然，佛教的同體大悲，同樣反對人類宰割牠們，而這些在佛經裡也有明證。且聽佛陀向一位名叫難提迦的在家信徒，談到殺生時，列出有十項罪狀。這十項罪狀是：

㈠心裡的巨毒，會世代不絕。
㈡衆生都會厭憎他，眼不見為快。
㈢經常懷有惡念，思惟惡事。
㈣衆生怕他，彷彿看見虎蛇。
㈤心裡不安，輾轉難眠。
㈥夜裡惡夢不停。
㈦生命結束時，會發瘋，且怕死。
㈧種下短命業因。

㈨身體毀壞，生命完結後，會下地獄。

㈩即使投胎做人，也會短命。（《大正藏》卷十三）

在老林的回憶體驗裡，的確含有上述幾項罪狀，幸好他能懸崖勒馬，不再造業下去。否則，後果會很可怕。

佛經有一則類似老林的記載，不妨轉述一下，讓世人參考。大意是這樣：一個須陀洹人，出生屠宰業家庭。他長大後，被迫要學這種家傳事業，但他不願殺生。一天，父親給他一把刀和一條羊，把他關在房裡，警告他說：「如果不殺羊，就不讓你出來過正常生活。」

兒子尋思，我倘若殺了這隻羊，以後一輩子就得幹這個行業，但是，自己怎可終身犯殺業呢？

一想到此，他毅然舉刀自殺了。父親開門一看，羊站在一邊，兒子已經氣絕了。

我有一位佛友在開餐廳，員工常譏笑他，信佛還在賣肉，到底是真信，抑或假信呢？雖然，他知道情非得已，不過，他也在努力尋思如何突破困境，好不容易，他一面賣葷菜，也一面做素菜，當客人叫菜時，他盡量建議對方吃素菜，物美價廉，沒有膽固醇，有益身體。不到一年，素菜生意果然超過葷菜，他才逐漸拋棄葷菜，如今專做素食餐廳，我很佩服他的機智，尤其，更讚嘆他的慈悲和修持的落實，眞是功德無量。

輪迴淺談——地球人和地球村

我自幼開始，就常聽大人們說道：「等下輩子吧！」或「來世再見」等話，意思是，這輩子若沒有希望，即使在「求不得苦」時，也沒有完全絕望，只好把一線希望留到下輩子，重新做人時才能如願。顯然，他們有投胎轉世的意念，不過，這跟佛教的輪迴不一樣。還有些惡貫滿盈的死刑犯，行刑前，仍舊執迷不悟，沒有一點兒悔改念頭，反而惡狠狠地說：「我二十年後又是一條好漢。」

這些也不是佛教的輪迴觀。因為佛教的輪迴有六道——地獄、餓鬼、畜生、阿修羅、人間和天上——，世人若做惡多端，死後縱使能投胎，也未必能投生到人間。尤其，像囚犯那種德性，死後極可能下地獄受苦，須待苦報結束，才能轉投胎，但也未必能重返人間，所以，他想得未免太美了。

說真的，我剛學佛時，每次讀到佛經上的輪迴故事，總會半信半疑。之後，我才知道釋尊從禪定中，跳出三界，看清楚自己過去諸世的生活，了解一切衆生前世的諸狀，才大徹大悟因果與緣起的正確性，而說出來的教誨，一定錯不了。於是，我才堅信不疑六道輪迴。關於這一點，《本生經》談得最多，都提到釋尊在過去諸世，曾經當過太子、宰相、商人、鹿王天、白象……等，為了救度衆生，他不惜犧牲生命、財產來實踐菩薩道。

後來，我又陸續從外文資料裡，得到若干學者在這方面的研究，也能直接、間接加以佐證。例如，美國有一位精神科醫生，名叫做伊莉莎白•邱普拉路絲，她用催眠術逆行催眠，可以一直追溯到上輩子，據說也能了解過去的生死。另一位也是美國維吉尼亞大學的史蒂文生教授，他純粹為了學術研究，搜集二十個個案，和相關證據，為了盡量客觀，他還像偵探審查罪犯一樣仔細。結果，他認為除了用輪迴解釋以外，實在沒有更好的解釋。而且，這兩位學者都不是佛教徒，當然不可能為佛教做宣傳……。

顧名思義，輪迴彷佛車輪迴轉，可以永無止盡。依照《因果經》卷二和《南本涅槃經》卷十六上說，人的生死也像輪迴般地流轉，即生生死死，依圓形打轉，永遠離不開。原因是，衆生有貪瞋癡等三毒，使身口意造出許多業因，迫使衆生淪入六道輪迴轉動，若要免於輪迴，就要熄滅輪迴的原因——三毒。

佛經上談到輪迴的例子，多得不勝枚舉。在此，我只舉出兩例，說明衆生不一定能出生人間，也可能投生畜生界，或者前世從地獄界，投胎到今世的人間界。

《雜譬喻經》上說，佛弟子目犍連有一天，突然望空中發笑。弟子們問他笑的原因爲何？他說：

「空中一個餓鬼身體龐大，奇醜無比，嘴裡吞下七個熱烘烘的鐵丸，全身受盡熱火折磨，倒地又起立，起立後又倒下。翻來滾去，樣子很好笑。」

弟子們問他什麼緣故？目犍連建議，不妨去問佛，佛回答：「這個餓鬼的前世是小沙彌，當時，社會貧困，世人靠豆子渡日子。這個小沙彌跟其他和尚出去行乞，自己偷吃豆子，而不讓同伴發現，他因為這個罪，才成了餓鬼，受盡業報。」

可見人類也會淪入地獄或餓鬼，不一定能重返人間。

《生經》卷一上說，一個修行人到一個妓院家行乞，目睹對方美貌、年輕，不禁動了凡心想追求她，她說：「你若真心愛我，就得供給我佳餚、香水、鮮花和新衣服，我才能屬於你。」修行人答道：「我既無財產，也無求財能力。」

妓女怒斥他：「沒出息的東西！只要有意追求，何難之有？滾開吧。」

佛知道此事後，就談起他們前世的因緣。

某地大湖裡有一隻烏龜，湖岸樹上一隻猴子。牠們偶而見面談話，烏龜起了淫念，猴子說：

「我住在樹上，你若有意來同居，就得離開水底，到樹上來住，也要給我各種食物。」

烏龜說：「我要住在水裡，因為吃肉比吃水果好，你不要為難我，下來同居吧！」

「你不聽我說，以後不必見面了。」猴子說。

結果，雙方談不攏，彼此離去。雖然，兩情相悅，終究不能如願。直到今生今世，依然分離。現在，那個妓女即是猴子；修行人是湖底的烏龜。

縱使牠們百般期盼，下輩子果出生為人了，但也不能夠如願。佛教很強調人間界，只有人道才能造業和受報，而其餘各道只能受報。出生天界也只能享福，無暇另造新業，至於下三道，只有承受苦報，而沒有分辨善惡的能力。只有人類能受苦、受樂，能分辨善惡。所以，《法句經》上說：

「得生人道難，生得壽終難。」

輪迴本是古印度婆羅門教的主要教義之一，佛教沿襲後，加以充實、擴展，並也滲入自己的觀點。例如婆羅門教認為，印度四大種姓及賤民，在輪迴中世代傳襲，永無改善的機會。反之，佛教主張業報之前，衆生平等，即使今生生為賤民，只要肯修善，來世也能出生上等種姓，甚至投生天界，如果上等種姓今世有惡行，來世也會生為下等種姓，乃至下地獄受苦。

學佛人都要有輪迴觀念，才能擴大思考的空間；有時，應該想到世間只為爭名爭利，那也像鏡花水月，過往雲煙。縱使在世間得意，做事做人也不要太絕情，要為自己退一步着想，也許下輩子就成為被虐待的對象。花蓮的證嚴法師說得很對：

「人唯知道有來春，所以留著來春穀；
人若知道有來生，自然修取來生福。」

歷史學者預料，二十一世紀的世界地圖將會重劃，世界公民與地球村的概念，也會愈來愈落實了。佛教重視緣份的正面價值，因此，同樣出生為地球人，共同住在地球村，也屬於同一世界的公民，理應平等相待，互相融合，慶幸來人間這個福份，好好體會《法句經》的偈語：

「於此世界中，從非怨止怨。惟以忍止怨，此古聖常法。
我等實樂生，憎怨中無憎。於憎怨人中，我等無憎往。」

我心想，這就是出生地球人，住在地球村，生活協調，永遠幸福的佛教智慧了。

最偉大的戰士——最輝煌的勝利

據說達賴喇嘛榮獲諾貝爾和平獎後，曾在洛城演講，會場有數千名美國聽衆。當他用英語演講完畢，一位美國聽衆起立問他，你怎樣對付眼前的敵人呢？乍聽之下，好像問題所指的敵人是中共政權，因為他們佔領西藏好多年了。誰知達賴喇嘛不慌不忙地回答：「眼前的敵人是自己……。」我心想，他真是一位有睿智的人。

《法句經》千數品上有三句偈語說：

「戰場上能戰勝百萬人，不如戰勝自己，才是最上的勝利者。」

「能戰勝自己，遠過於戰勝他人；抑制自己，才是會節制行為的人。」

「連天神、音樂神、惡魔、梵天，都不能戰勝那些能夠戰勝自己的人。」

此三偈都指出戰勝自己不容易，若能戰勝自己，才是最偉大的勝利，等於打完最漂亮的一仗。這也能證明達賴喇嘛的答話相當正確，他的敵人原來是自己，而不是那個擁有十多億人口的中共政權。

記憶裡，初中時代一位歷史老師說：「拿破崙征服了歐洲，但卻成了自己的俘擄。」當時，我不懂話中的意思，以為只是一首美麗的詩句。如今誦讀《法句經》的偈語，始知拿破崙的確打敗過歐洲聯軍，最後，卻敗在自己手上，因為他貪求無厭，迷戀權勢，慢心十足。難道他的敵人不是自己嗎？不是徹底做了自己的俘擄嗎？

還有第二次世界大戰的罪魁，如希特勒、東條英機，和墨索里尼等人，表面上被同盟國打敗了，其實，他們都是死在自己手上。因為他們在戰爭初期，連傳捷音時，忍不住得意忘形，被貪欲與慢心衝昏了頭，以為憑三個人領導的軍隊，足以擔當地球的軸心，推動人類的歷史。誰知最後會事與願違，死於非命，徹底被自己打敗了。

那麼，自己的敵人是誰呢？佛經上說，貪瞋痴慢疑等，都是自己的敵人。因為它們時刻也不放過自己，才讓自己不得寧靜自在，而要打倒它們又非易事。所以，自己永遠是凡夫，永遠不快樂。最後，也許就喪命在它們手上了。

佛陀傳裡，有一段極精彩的描寫，就是釋尊經過一番苦行，從尼連禪河裡爬上岸，坐在菩提樹下時，一群魔軍擁上前來糾纏他，能否成佛，在此一戰。其實，那群魔軍也是釋尊的大敵，不是來自周圍叢林，而是湧自體內和心裡。誠如《雜法藏經》上說，當時釋尊的敵人有十個——一是欲望，二是憂愁，三是飢渴，四是渴愛，五是睡眠，六是恐怖，七是疑悔，八是瞋恚，九是貪財利養、妄想虛名，十是傲慢。

不久，這群敵人都被佛陀擊退了，佛陀作偈說：

「所有世人和諸天都打不倒它們，

只有我能用智慧之箭和修持的禪定，才能打倒它們。」

可見釋尊成佛是因為他能擊潰自己的大群敵人。

相反地，從佛經裡發現提婆達多原本是一位聰明能幹的修行人，由於他一直想當教團領袖，也曾當面央求釋尊，釋尊不肯，趁機教誡他一番。他聽不進去，一意孤行，正在企圖殺害釋尊時，反而自己先遭惡報死了。可是，他完全死在自己的大敵——貪與慢——之上，而非被人害死。

《生經》卷四有一段話說，有一群不良少年，某日目睹幾位年輕比丘尼，因為天氣熱，汗水淋漓，走到河邊，紛紛脫衣跳入河裡。所以，他們看了都企圖引誘他們。幸好，比丘尼裡有兩位聰明人，一位是頗有智慧的差摩，另一位是證得神通的蓮蓋。他們立刻挖出自己的眼睛，將眼珠放在手掌上展示，問他們說：

「你們說愛我們，到底要愛那個部份呢？臉嗎？我們都成了瞎子，這副臉有什麼漂亮呢？你們愛我的手嗎？腳嗎？腸胃嗎？五臟六腑嗎？」

他們一面說，一面將手腳和腑臟分得零零亂亂，一件一件丟給對方。不料，他們吃驚之餘，始知無常世界裡，生命只是暫時寄寓在身體，不要貪愛。他們才把衣服還給對方，也感激他們的啟示。

這則故事指出那群不良少年，幾乎被自己的敵人——貪欲打敗，幸虧遇到兩位善知識幫忙，才能轉敗為勝。

《百喻經》第三也有一則故事說，某地有一條大蛇，有一天，蛇尾對蛇頭說：「我要在前面。」蛇頭拒絕說：「我始終都在前面，怎能讓你在前面呢？」彼此爭執不休，待要爬樹的時候，尾巴用力纏住樹枝，頭部怎麼也無法向前走。剎那間，突然樹枝斷了，頭尾一起掉進火坑裡燒毀了。

試想這條大蛇的死，不是死在自己的執着上嗎？執着不是牠的敵人嗎？

撇開佛經故事不說，環顧現實人間，也不乏英勇的戰士，戰果輝煌，令我非常敬佩。例如蘇聯前總理戈巴契夫，雖然現在也叫窮喊苦，然而，他卻是一位能夠戰勝自己的偉人，舉世公認他的勝利，因為他打敗了心中潛伏極久的共產邪見，甘心放棄了俗世的權勢地位，這些都是世人的頭號大敵，也是赤裸裸的自我。

報載紐約有一位牧師叫做傑瑞，自幼生長在幫派林立、犯罪猖獗的環境，少不更事的他，也曾與幫派和毒品為伍，直到有一天得到朋友的勸告，才擺脫幫派而進入神學院。這位名不見經傳的牧師，雖然不似戈巴契夫那樣叱咤風雲，但也是戰勝自己的英雄，因爲他沒有做自己的俘擄，沈淪在幫派與毒品的生涯裡。

某本雜誌上說，一位林太太發現先生有外遇，使她痛不欲生，想要自殺，又捨不得兒女。後來，她忽然覺悟先生外遇的熱度不會維持長久，先要對自己有信心，當先生迷失得不辨是非時，不要去吵他，不如把家庭照顧好，讓他倦鳥歸來時，仍有個溫暖的窩等著他。這樣過了兩年，她的先生果然覺悟自己錯了，也回家向太太請求寬恕。從這件事實看來，林太太也是戰勝自己的女英雄，沒讓自己一時想不開，敗在一時的衝動下。

反觀最近報紙上說，日本自民黨副總裁金丸信，因為收受四百萬美元捐款，受到質疑而辭職，震驚日本政壇。其實，不是輿論或同僚壓迫他辭職，而是他敗在自身的貪欲上，才失去昔日的榮耀，不得不辭職。

當年，我住在鄉下，鄰居一位年僅二八的姑娘，跟自己心上人戀愛兩年。有一次，一個算命師妄言她跟心上人的八字相剋，不可能結成美滿姻緣。她聽了想不開，竟去偷偷上吊自殺。同樣地，她也是敗在自己的「疑」字上，對自己的婚姻缺乏信心，才年紀輕輕走上生命的不歸路，令人惋惜。

所以，《法句經》的三句偈語，無異做人處世的基本態度。大家別以為每天被人歌誦和鼓掌的人，都是英雄好漢，其實，他們未必能真正征服自己，可能也是貪瞋痴慢疑的俘擄罷了。

我聽台灣一位大德說，跟別人爭，不一定能夠得勝，若跟自己爭，輸贏操之在自己。所以，大家都應該做一個跟自己爭的人——做一個今日之我，與昨日之我爭；凡夫之我，與聖人之我爭；這樣不但無害，反而是進步的動力。

學佛的人，都應該師範高僧大德，因為他們都在努力跟自己作戰，不畏不懼。總想以戒為師，憑定力與智慧，漸漸打敗自己的敵人，成就最偉大的戰士。

環視周圍，有無數人愁眉苦臉，貪求無厭，遇到芝麻小事，也會暴跳如雷；有些人稍有成就，就趾高氣揚，簡直忘記自己的姓氏；而有些人對因果業報，還在疑惑、挑剔，這些都是快被自己打敗的傢伙，而不是可敬的英雄。

世界冷戰的禍首——「慢」與「疑」

去年底，我在返台的飛行旅途上，幸運結識鄰座一位名叫瑪利亞的美國老太太。她是墨裔美籍，年約七十歲，還蠻健康的樣子。她看我在窄狹座位上，站也不是、坐也不安，很不自在，就好意勸我忍耐些，結果，我們就從此打開話匣子了。

我最吃驚的是，她是一位日蓮正宗的信徒，正要到日本比叡山的日蓮正宗本座去朝拜。因為她的信仰跟佛教淵源極深，引起我的好奇心外，也引發我談天的興緻了。我們無所不談，幸好佛教是很智慧又踏實的真理，涉及範圍既廣泛又實際。所謂佛教不離世間法，凡是日常生活和世間各類現象都跟佛法有關，意思是，任何世相都能用佛法來詮釋和分析。於是，我們也談到時局問題。

有一件事令我欣然感動，那是雙方談到本世紀的偉人時，都異口同聲讚嘆蘇聯前總理——戈巴契夫，他眞是一位現代菩薩，因為他實踐菩薩道了。對於美國人來說，俄國的核子攻擊是極恐怖又敏感，戰爭不發生猶可，一旦起衝突，美國誓必首先遭殃，難逃大部份被消滅的結局。如今，眼見蘇聯跨台了，連這位來日不多的老太太也雀躍地說，戈巴契夫解決了這項恐怖，所以，他是了不得的政治家。

驀然回首，在前半個世紀裡，以美蘇兩國為首的世界兩大陣容——自由民主和共產國家，都處在極無聊的冷戰狀態中，不僅害得多少億人生活在惶恐裡，實際上，也耗費無數物質、金錢和生命等寶貴成本。若用佛教來分析這段冷戰因緣，則完全出在「慢、疑」兩大邪念和妄見。

說真的，古今中外的所有政治鬥爭都不例外，出於彼此的慢心和疑念。我讀「春秋列國誌」和「三國演義」時，也發現當時所有君主都非智慧型。任何一方都在猜疑，而且傲慢地很想征服對方，得到霸權後，又想要君臨天下。因為疑心生暗鬼，你猜我疑，心存傲慢，企圖併呑，終於演變一場戰爭，為的是要爭天下，做霸主。

在昔日以美蘇兩國為主的冷戰裡，雙方都是這副德性。戈巴契夫不久前吐露當時一段心聲很有意思。他說自己初晤雷根，也坦率批評：

「你別說美國像山頂上的光明，而世界其他地方卻為黑暗地區。新聞界吃這一套，我可不。我了解美國，我了解美國的資源、力量，也了解美國的弱點和問題。」

這不是我慢、過慢與卑慢的話嗎？美國是，蘇聯也是，互爭高下，誰也不服誰。接著，他又說：

「我和我的西方夥伴，都未能免於冷戰的定型觀念。我們都透過鐵幕縫隙來看對方，又帶著意識形態的偏見……。」

這也是疑心的寫實。情狀彷彿瞎子摸象，僅靠一點兒情報，就在擬制全盤作業，和推行策略，殊不知離實況有一萬八千里，這是痴的表現，暗中摸索，一邊懷疑，一邊戒懼，不是無明的作風嗎？

往事如煙，如是因，自然有如是果，如今雙方都飽嚐冷戰——慢見與疑念——的苦果了。但見一片經濟蕭條，到處失業、通貨膨脹、貧窮、怨聲載道……連戈巴契夫也在自我調侃：「冷戰後沒有贏家。」但是，有些美國政客還在沾沾自喜地說：「美國已經是世界新秩序的指導者，正在執行世界警察的職務。」這樣胡言妄語，豈不謬哉？

政客、政情和政策裡，若是充滿慢與疑，自然會洋溢著迷妄狂想，也會歪曲社會意識，催眠老百姓，造成一片迷惘。這是非常冤枉和危險的。在冷戰期間，各地存在「假想敵」，不停地「聯合演習」，正是疑念在作祟。

結果，人心徬徨，以為對方總有一天會先發制人……。

不說國際關係裡，慢見與疑心是兩大禍害，它們也會妨礙世人的佛法修行。通常若有慢心，人格和行為都會失去平衡。依照《俱舍論》卷十九上說，慢見有七種。《瑜伽師地論》卷八上說，慢見會跟「見所斷」及「修所斷」相通，人心生驕慢，凡事都以為自己比別人優勝，而不把別人看在眼裡。那麼，怎樣克服這種慢心或慢見呢？說來說去，仍得用佛教的四無量心——慈、悲、喜、捨。

疑是五蓋之一，必須要靠「定」來對治。若有疑心，縱使半信半疑，也不利修行。結果，彷彿進入寶山，空手回來，什麼也沒得到。《大智度論》第十七有一首偈語說：

「如在佛法裡生疑，最後會一無所得，
愚痴為猜疑之母，不論怎樣疑心迷惑，
世間的生死涅槃，才是真法與實有，
倘若猜疑實有之法，無異砍殺獅子的鹿。」

佛典上說，「疑」這種心態是對佛教的真理猶豫不決。若依唯識宗解釋，疑為六種根本煩惱之一。站在淨土宗的立場說，它跟「信」字相對，只有去疑，才能起信。說得極端些，如讓疑念深入心底，會彷彿樹根深入地下，變成一條疑根，會妨礙修行和證果。

通常，人有了疑惑，就會沒有正確的判斷力了。不過，禪宗對它抱持不同見解。他們把疑心分成兩類，一類為真疑，另一類為模倣疑。前者又叫做大疑，反而頗受禪宗的重視，認為真疑有肯定價值，故把它看成參禪悟道裡絕對不能缺少的。原因是，它能成為一項轉悟成道的良機。譬如一位和尚遺失了唯一的袈裟，到處找不到，事實上並沒有丟失，他卻念念不忘，反覆去找尋，不找到不甘心，最後很可能被找到。另一種模倣疑，會讓人失去參悟良機。譬如今人對古人經歷的疑團與懸案，妄附疑情，沒去徹底尋究。這樣，迷糊一輩子也不可能得到解答的。

此外，佛經裡常有疑悔、疑網、疑蓋、疑結、疑見、疑根、疑執和疑惑等詞語，其實，意思都大同小異。倘若心裡有這些怪物，除了上述的「定力」以外，不妨用「信根」來堅固，用「歡喜心」來制服，例如《法華經》上說：「勿得有疑悔，佛智叵思議」，或「心懷大歡喜，疑網皆已除。」

《舊雜譬喻經》下卷有一段妙喻，雖然指修行人，但在我們的日常生活裡也派得上用場。那是說一位修行人因為在山裡常常看見毒蛇，害得他打坐或睡覺時，惶恐不安。一天，天人本著慈悲心啟發他，終於對他說：「毒蛇來了。」他一聽，立刻起來查看，結果都沒有毒蛇的影子。日子一久，他也不在意，但天人仍在叫著毒蛇來啦。他氣憤地問他何故如此？天人教誡他：「你應該看心中的毒蛇，先要設法除掉牠。」不消說，他心中那條毒蛇，正是疑念、迷妄。生活裡若有疑心，日子怎會自在呢？

慢見和疑心是冷戰的根源，也是惶恐的禍首，學佛的人可用「定力」、「信念」和「歡喜」來對治，不值得害怕。

活用時間的秘訣

我的書桌上放一個小鬧鐘，終年背向我，面對著牆壁。習慣上，我每天只看三次時間——起床、中餐和夜晚就寢。平時我絕對不看鐘，也不帶手錶，作業秩序一概不受制於時辰。原因是，我怕做時間的奴隸。

有些人懷念中世紀以前，那段只有幾家掛有時鐘的日子。那時，惟一計時標誌是，遠方教堂的報時鐘聲，悠悠揚起，告訴大家工作時刻。不料，工業革命改變了這一切，迫使人們把日夜分割成時、分和秒，讓人永遠屈服在這種動彈不得的時間控制下過一輩子，致使精神病、職業病、心臟病和離婚率上升，這是時間嚴格計算帶來的文明病。

有了清楚的時間觀念，使用方式也改變了。許多人為了節省時間，不僅辦公室和車上放電傳機、電話答錄機，還有隨身攜帶大哥大。結果，反而讓人的工作更吃力，精神壓力更大，閒暇相對地減少，整個人每天像部機器時間在轉動，完全失去了情趣和生命意義。

美、日兩國是很忙碌的工商社會，對時間運用，表面上掌握分秒不差，惟因如此，才讓這群時間控制下的奴隸每天累得半死。美國有一項最新研究指出，人在一天裡被干擾73次，承受一個時辰精神壓力，把一小時作業帶回家裡，與配偶交談僅有四分鐘，運動不足三分鐘，跟孩子玩兩分鐘，僅花一分鐘思考未來。

另一位企業時間管理專家——福替諾說：「人是控制不了時間的，只能具體地善用時間，不論時間被安排多麼合理有效，徒增人們的工作負擔而已。」

有一年，美國人離婚率上升到百分之十一，連三十歲不到的年輕人也不乏心臟病死亡。這個調查的更重要意義是，科技愈進步的社會，人的精神壓力愈大，受時間擺佈的實況愈淒慘。

美國大都市裡，一到中餐時刻，上班族紛紛擁向附近餐廳。只見許多人一面看手錶，一面搶時間吃飯，好像享受吃飯的神聖大事也不得安寧，那種緊張兮兮的樣子，讓法國人看了不禁譏笑說：「內心既然這樣倉促，又何必浪費時間來吃飯呢？乾脆發明營養針，每天打一枝，不就省時、省事了嗎？不懂得安靜地坐下來，慢慢享受吃的悠閒，人生半點兒樂趣也沒有，眞是可憐的美國人。」

在漫長的高速公路上，許多美國人每天忙著開車上下班，好像分秒都算好，勞心、勞力之餘，不忘匆匆瞥一下手錶。他們簡直連牢裡的犯人都不如，至少犯人待在牢裡不太在乎時間怎麼走，不受制於每一時或每一刻。

日本人也從反面證明了這一點，幾十年來，全國生產率一直上升，人們每週工作平均52小時，生產率是全球第一，殊不知日本人勞碌死比率也愈來愈高，說來說去，都是為了爭取時間，達到最高工作與生產效率帶來的結果。

因此，怎樣活用時間，又能活得快樂，或擺脫緊張、壓力等，正是現代人極嚴肅與重要的課題。學佛的人面對這項課題，應有更智慧的認知，和更妥善的解決策略。倘若不會擺脫壓力善用時間學佛，結果是浪費人生、作賤生命。

我發現洛城有幾位佛友，都能很有效地解決這個嚴重問題。

他們的方法既實際又簡易，卻也能達到鬆弛心理壓力和生活愉快的目的。原來，他們組織禪學打坐班，用「佛陀啟示」那本書當做基本教材，以四念處的秘訣，當做思想的柔軟體操。他們每週練三次，持續練下去。雖然沒有改變人格，也沒能對生命增加多少認識。不過，每個人的心情緊張卻消失多了，煩躁與焦慮在心裡形成的硬塊融化了。只覺得一股清流，好像在潤澤全身，讓他們都有恬淡和喜悅感。

具體的方法是，修練四念處中的身念處。身念處嫻熟的修行觀照，能使人在短時間內，得到身體的鬆弛，之後，心情也開始放鬆。人在忙碌裡，最易出現頭痛、神經僵硬和疲勞，而這些都可靠身念處的觀照力得到紓解。修行時，先把注意力集中在肩部，去體會那個部位的緊張。因為人在緊張時，肩部會提高，頸部受到壓力，故用身念處的「覺」字訣，觀照肩與頸，但要自然輕鬆地觀照，綿綿密密地，柔而不斷地觀看它，不要刻意去改變或糾正，才能發揮「如實觀照」的作用。

總之，不要急躁，也不要惶恐，用上述方法先減輕身體壓力，這樣對佛法修行也有不少助益。

身念處的口訣是，觀身體自相為不淨，同時，觀身體的無常、苦、空和非我等共相，來對治清淨的顛倒情狀。

記憶裡，我在台灣每週到一家佛學院授課，都趕時間搭車和步行，準時到院裡時，身心顯得非常緊張，情況雖然不似美國這般嚴重，但也覺得日子未免太枯燥和單調，而且壓力蠻大，跟同學們談話也像在搶時間，反觀幾位法師們全是慢郎中，說話舉止，慢條斯理，不慌不忙，讓我十分羨慕。一天，我終於忍不住請教他們，怎樣修練這股悠閒、愉快的定力呢？一位法師笑一笑說：「急也急不來呀。」我恍然大悟——原來他心裡早已擺脫時間控制，知道急也沒用。俗語說，慢工出細活，思慮妥當，結論才能準確，誠然來自身體受到心法時，知止而定，定才能靜，靜而後安，安而後慮，慮而有得，全是佛法修持的功效。

現代人學佛最易犯的毛病是，想用最短時間，得到最大收穫，定不下心來修持和實踐，以為背熟口訣，就能成佛作祖。結果，很瞧不起長期默默苦修的老和尚，半輩子既修不到神通，也無其他能耐，殊不知他們都在實踐六波羅蜜，水到渠成時，自能即身成佛。所以，修行成佛是急不來的事。

例如《雜阿含經》第九提到二十億耳尊者，住在耆闍崛山修行涅槃道時，總覺得這條路太遙遠，忍不住山居的煩惱，和心裡的急躁，暗忖：回去過家居生活算了。

釋尊知道他的心意，命人把他叫來，舉出彈琴的譬喻——絃調太緊，會發不出微妙、優雅的聲音；絃線鬆弛，也發不出聲音。只有不急不緩，拉動絃線，才能出聲。學佛修行也一樣，若要急著精進，就會懊悔，而沈不住氣；如果進度太緩慢，會心生怠惰，不能達到目的。只有不急不緩、安安穩穩、不執着、不安逸、不受制於相，一切要按照規矩修行才對。

意思是，不急在某段時間內修成，免得成為時間的奴隸，而不能成佛，也就是維持正常的進度和生活態度最爲重要。

還有《百喻經》第一也提到釋尊在舍衛國的宏法故事。原來，一個蠢漢想蓋三層樓房，吩咐匠工趕緊趕好，當他目睹工匠打地基，先蓋一層樓時，勃然大怒，問他為何不立刻蓋好三層樓呢？工匠答說：

「凡事要按照順序，沒有蓋好一樓和第二樓，那能有第三樓呢？」

學佛不能匆促成事，也有順序，那就是實踐六度，經年累月，埋頭修持，不是光說不行，或說而不做。

《法句經》上說：「若人壽百歲，邪學志不善，不如生一日，精進受正法。」

世人要珍惜有生之年，修習正法正見，才不會浪費人生，如果奉行邪知邪見，等於糟蹋時光，耽誤人生。

天界在何方？

因為我早年愛看『西遊記』，才對天界或天上的情狀產生錯誤的想法。其實，中國所有的傳統與神話小說，也對天界的描述同出一轍，都是人云亦云的民俗信仰，而絕非佛教所說的天上界。一般人認為天上最快樂，能夠享受無窮盡的消遙自在，根本沒有愁苦，統統屬於玉皇大帝的管轄……，至於俗稱地獄與天堂，只是極苦和極樂的代名詞，也淵源於上述的觀念，不值一提。

佛教沒有傳到中國以前，中國人早有天界的憧憬。歐美和中東居民也相信死後那個天國，有神在居住，當然是個理想世界，也是永恆世界。不過，基督教、猶太教和回教的信徒有一種共識——只有相信絕對和唯一的神，才能死後上天堂。換句話說，能不能上天堂，要看自己信不信神。顯然，他們心目中的天界，跟佛教的天界有區別，無異南轅北轍，完全兩回事。

那麼，學佛的人，應該知道「天界」到底在那裡？或是怎樣一種地方？

根據《正法念處經》上說：「要離開天界時，心裡非常苦惱。地獄的各種苦痛，相比之下，都不及它的十六分之一。」

天界跟其他五道——地獄、餓鬼、畜生、阿修羅和人間——相比，的確快樂多，苦惱少。但它也是輪迴世界之一，因為那裡不是久居之處，等待果報期滿，天人也非走不可，故有「天人五衰」的說法。依照《雜阿含經》卷三十上說，天人命終時，身體會有五種衰相，叫做「五衰」——⑴衣服垢，⑵頭頂花冠枯萎，⑶身體發臭，⑷腋下流汗，⑸厭居本座。

日本已故作家——三島由紀夫在自殺前，也曾留下一部遺作，取名為『天人五衰』，內容跟佛經的五衰現象大同小異，顯然取材於佛教的五衰，再用自己的生花妙筆充實一番。

天界屬於迷界之一，但在迷界裡，只有最高和最殊勝的有情衆生，才有資格住在那裡，他們叫做天人或天衆。

根據佛教史上說，初期的佛教，教法以涅槃為中心，對於在家徒衆的教說，卻以生天為主。只要行十善，即可生天。最古老的經集上說，「如施食予沙門、婆羅門、乞食者，死後即可生天。」其實，「天界」的思想不是佛教徒所獨有，也是當時一般印度民衆的信仰。

佛經上記載，天的世界，在距離地面遙遠之上方，由下向上，依次爲四天王、三十三天、夜摩天、兜率天、化樂天、他化自在天，都屬於「欲界六天」。

其次為色界天，大體上有四禪天，即初禪天，第二禪天、第三禪天，和第四禪天。

此外，為無色界諸天，由空無邊處天、識無邊處天、無所有識天和非想非非想處天等四無色天形成。

《北本涅槃經》卷二十二舉出四種天是——世間天、生天、淨天，和義天。此四天若加第一義天，則為五天。佛為淨天中的最尊者。所以，淨天又稱為天中天，爲天中最殊勝者，而佛爲天人師。

總之，天界對佛教徒來說，既不是絕對的理想世界，也不是永恆的世界，那麽，當然不是佛教徒的終極目標了。但在六道輪迴裡，天界卻遠比其他五道好多了，當然，也比人間界更快樂，難怪天人死後，也害怕墮落到人間以下的世界。

學佛的目的，在求解脫，也在成佛，意思是，不要再淪落在六道（包括天界）裡輪迴，免去生生死死，死死生生的永遠苦惱。所以，佛教的世界觀之一——「十界」就因應而生了。

在這十界裡，上述六個輪迴世界稱迷界，而另外四界——聲聞、緣覺、菩薩和佛等境界，才叫做悟界。所以，皈依三寶以後，目標應該放在悟界，那裡才是最殊勝的極樂世界，千萬不要嚮往人云亦云的天界。

生活在天界愈快樂，當然會愈怕死，這是人之常情。

有趣的是，有人習慣說：「他已經在天國了。」卻表示那個人已經死了，倒不一定指他逍遙在天界。因為天界、天國、極樂世界或淨土等名詞，有時反而變成人死的代名詞，說到它，難免心生哀念，而沒有慶賀的意思。

據說但丁的名著——「神曲」裡，第三部為天國，而天國計有十天，其中九天像依古代天文學的宇宙觀所謂「有限天」，而第十天為至高無上的世界，屬於神座的「無限天」，那裡只供神、天使和聖者的靈魂居住，被看成天國……。可見天界或天國思想，古今中外皆同，代表人類的最後憧憬，只有看在佛教徒眼裡，才不會稀罕，不會嚮往，因為涅槃境界遠比天上人間更逍遙和快樂。

無相之戒——因果業報

偶然讀到一篇新聞分析，起先很驚訝，一讀再讀，不禁非常悲嘆。同時，發現世界到處戰亂紛爭，不是人云亦云的表面因素，因爲它的真正原因，也是衆多生靈的殺手。可惜，世人都被矇在鼓裡，反而對他們禮敬、擊掌，這不是顚倒是非，真假不分嗎？事實的確如此。

且說美蘇長期冷戰結束，世界和平好像露出曙光了，但這不表示永久與真正和平指日可待。原因是，任何現象都是因緣和合，半個世紀的冷戰，全由各國政府的「疑與慢」造成，直到目前，這兩種邪見仍在美蘇兩國以外的地區彌漫。例如亞洲、中東、南非等地特別嚴重，當然，也難有真正的和平會出現。

當今一群政客都非智慧型，缺乏正知、正見，只會故弄玄虛，才造成疑心暗鬼的社會意識自我的優越感。這樣，等於間接促成大環境的緊張與衝突。不幸，如此氣氛反而有利某些行業——軍火——的促銷成長。出人意外地，有些叱咤風雲的人物，居然是這種貨物的幕後推銷員。他們在商言商，成天希望那裡有戰亂，就往那個地區推銷；那些殺傷力愈高的武器，反而利潤愈高，管它後果怎樣，只要有大錢可賺就夠了。

目前，舉世聞名的軍火製造廠有——法國的達梭、英國的大不列顚太空、荷蘭的菲立普、德國的克勞司馬菲、瑞士的愛肯、美國的克萊斯勒、麥道、克異、洛克希德、通用等公司。他們都生產飛機、飛彈、火箭、戰車、艦艇……等重型武器。如今，這些工廠都隨著東歐解體而缺少訂單。反之，眼見亞洲四小龍、中東等地區經濟力量雄厚，都是極力爭取的客戶；同時，他們竭盡所能在故佈疑陣，或推波助浪地製造緊張，引起衝突與紛爭，造成賣方市場。

例如法國籍的彼得•喬克斯，被稱為「死亡商人」，也是幻象戰鬥機製造廠的創辦人。他向伊拉克總統胡辛推銷三十億美金，使得胡辛才敢向盟國挑戰，主要靠這批戰機在壯膽。當盟國飛機轟炸伊拉克，傷害十幾萬人時，那位死亡商人喬克斯，正在擔任法國的國防部長。當戰事激烈時，他主張採陸地肉搏戰。司馬昭之心，人皆可知，他志在推銷自己工廠的武器罷了。

另一位美國人是塞拉斯•范錫。他曾在六〇年代，擔任美國的國務卿，在南斯拉夫內戰期間，他曾奉令到那裡擔任「和平特使」。不過，他是上述美國一家軍火廠的要人，據悉他對這種國際事務沒有多大興趣，反而對在那裡賺錢比較熱衷……試想這種沒有慈悲心的人物，怎能致力於當地的和平呢？還有一位英國國防部長——克林頓，也是跟范錫一夥，擔任英國核子武器軍火廠的會長，這種人在利欲薰心下，難道不會推銷自己工廠的貨色嗎？

現在，世界有數的首富為德國、日本、台灣、南韓、沙烏地、埃及……等國，他們平時辛苦賺的錢也將紛紛流入這些軍火廠商的口袋。例如通用公司會長——史坦貝爾的年薪已高達一億三千萬日幣。這些軍火商不僅不想世界和平，反而到處煽動開火，不擇手段，開闢自己的市場。

軍火業既合法，又有厚利，許多國家趨之若鶩。表面上，他們不犯世間法，但是，這種行業的性質，涉及殺戒，所以，站在佛教的立場上說，完全違背「正命」。上述那群軍火廠的鉅子，有錢有勢，炙手可熱，誰也奈何不了他們。無如，他們違反無相之戒——因果業報，因果本身即是不着相的法律，那也是天地間最公正的裁判。縱使世間有無數生靈栽在他們手裡，審判日期一到，他們也會淪入地獄裏。

《雜譬喻經》有一則故事，足以射影這些現世威風而不知果報的人。且說一個屠夫，有一天，央求阿闍世王說，節日如果需要屠夫，請求僱用他。國王不禁懷疑地問他什麼原因。只聽他解釋自己樂此不疲的理由。

「我以前窮苦，以屠殺羊畜為業。這樣，我才能出生四天王天。後來，在天界壽命終結，才再回到人間，重操舊業，靠屠羊過日子，待人間壽命結束，又要出生天上界。如此，經常往返天上與人間，反覆以殺羊畜為職業，竟多達六次。我能前後出生六次天上界，享受無限幸福，這就是我要做屠夫的理由。」

後來，國王有一次機會瞻仰了佛，才將此事請教佛陀，問他有無此事？只聽佛說：

「事實不錯，他沒有撒謊。他曾在過去世遇過佛，而起歡喜與和善心，憑此功德，才能六次出生天上界，輾轉投生，又出生到人間。不過，屠宰羊畜之罪，尚未成熟。他雖未受到罪業報應，但他以後會下地獄，受到屠羊的業報……。」

軍火商的宿命也相似，也許前輩子做好事，這輩子才能叱咤風雲，位居要津。無如，這輩子的業報也指日可待，究竟也犯了無相之戒，絕對難逃果報。

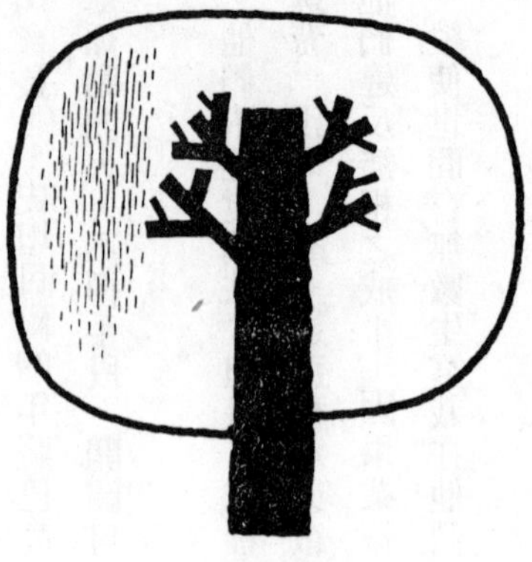

無風不起浪

近十年來，我一直生活在洛杉磯，不斷從電視新聞裡，聽聞許多關於美國的消息，也同時感受到美國的一切變化太大了。各方面都不像當年歷史課本所記載——五十年代起，樣樣傲視全球的「美國第一」。相反地，我發現所謂「三十年河東，三十年河西，風水輪流轉」等無常世相，不是無的放矢，而是千真萬確的事實。

在大約半個世紀裡，美國的聲勢風靡全球，尤其在冷戰結束後，美國價值觀成為當世的顯學，但是，其中毀譽參半，可圈可點。說得更仔細些，所謂美國的聲勢，不妨分成美國文化和美國政府。

有人說，美國文化只是由美國思潮和娛樂鑄成的一種流行文化。這種流行文化征服全球的現象，已經不證自明了。因為在電影、錄影帶、「讀者文摘」和ＭＴＶ的傳播下，美國的流行文化在世界上無孔不入；連古巴強人卡斯楚，都會興高采烈做起波浪式加油；邊僻的西藏人也看美國錄影帶；北韓人也在傾聽美國流行曲，幾乎是全球最封閉的國家——不丹，也看艾迪墨菲主演的海盜版錄影帶；越南人坐在咖啡廳裡，亦不例外，爭看美國錄影帶。

還有華府一位經濟學家蘇威克，也舉例證明美國流行文化的滲透力：

九十年代開始，不少美國電影，仍是德國、瑞典、義大利、西班牙、澳洲和丹麥的票房電影冠軍。

在義大利和西班牙，收視率最高的五十個電視節目，都是美國節目；全球有一百二十二個國家都收看美國CNN公司的新聞報導。美國作家瑪利・希金斯・丹妮史蒂爾的作品，也是法國暢銷書排行榜上的常客……，美國的流行文化有功於共產主義的跨台，因為它具有侵蝕效果。

由上述裡發現美國文化只輸出音樂、歌星、樂手、電影和錄影帶。其實，這些都是很膚淺的，未必能提升人類的生活品質，或豐富人們空虛的心靈；只要稍過些時日，那些東西難免會逐漸惡化。目前有跡象顯示，歐洲共同體和日本等亞洲文化，也逐漸抬頭，有意阻擋和迎戰美國的流行文化了。

有人指出美國文化霸權的結果，只是美國人的自我膨脹和傲慢心態。說得也是，好像今年在西班牙舉辦的世運裡，美國選手表現出輸不起的態度，美國人看到本國選手拿到金牌不多，好像慢心受到挫折，也頗有怨言。例如美國佬開口閉口愛說「美國第一」，可見自大狂方面，無人出其右。台灣某位作家評語說：「地球上自大狂國家的前三名是——美國、美國、美國。「同樣地，「地球上最輸不起的國家前三名是——美國、美國、美國。」在此次世運裡，尤其碰到東方人選手，排球初賽輸給日本，女泳決賽輸給大陸，讓美國人自覺「尊嚴」

受損，馬上到處高喊：「不公平」。說穿了，就是只有美國人贏得勝利，最好把所有金牌都拿到手上，才是「最公平」。這都是流行文化催眠下，所產生的後遺症——自以為是，生活在最傲慢的虛幻裡。

從社會民俗學的觀點說，凡是流行或時髦，都不可能長久，只能滿足世人短暫的好奇心理，原因是，它缺乏深度，缺乏永恆價值。這樣的文化，會遭受無常的淘汰，自然不在話下。最吃虧的，恐怕還是美國人自己。

我慢、過慢和卑慢的結果，也許使人惱羞成怒，也許大失所望，反正因果自負，而惟一自救之道，只有仰賴佛教的「平等智」，才能彌補未來不良的變化。平等智是，不要執着自我，排斥別人，凡事要同中求異，異中求同；取長補短，攜手合作。重視大家都是「地球人」的共業因緣，不亢不卑，尊重對方，才能得到舉世的敬服。

至於美國政府，堪稱「一朝天子，一朝臣」，誰選上總統，雖然不是改朝換代，但也會改變國家政策、作風和形象。不論那一黨執政，都會口口聲聲表示：「一切要符合美國利益」，好像投足舉手，所有作為只為了自己，不管別人死活，顯然是一種分別心。其實，上天早已厚待美國，賜給他們一大塊肥沃土地，兩次大戰都在別處，才使他們安然無恙。如今要符合美國利益，才肯援助別人，這是不對的。不過，這只是一群官僚政客的心態，不代表全部美國老百姓。

官僚或政客集團，為了滿足虛榮和聲望，不知惜福造福，反而浪費奢侈，讓老百姓茫然若失，分不出真假虛實，直到生活陷入困境，才驚訝當年錯聽競選時的花言巧語。不久前，巴西舉行地球高峰會議，有一百八十多個國家參與，其中，有些國家紛紛指責以美國為首的先進國家，都為了貪欲，想出各種方法，浪費地球資源，污染生存空間。當然，這是美國政府的錯誤。最近，在紐約舉辦一次模擬審訊，由十六個國家的三百位學生主持，他們都是世界環境行動聯盟及團結、平等兩個組織的會員。

他們控告美國政府犯了六大罪狀——㈠讓全世界更多人貧窮，生活悲慘，患病死亡。㈡提倡過度消費，加速地球資源供應崩潰。㈢漠視土人及少數民族利益。㈣增加溫室效應。㈤破壞熱帶雨林。㈥軍國主義，浪費公帑，製造殺人武器。

當然，美國政府也有一套辯詞，死也不承認罪狀。至於真實與否姑且不提，站在佛教的立場說，任何我見的執着，都會有自私、貪求、憎恨、瞋恚、我慢以及其他不淨等因素，這是世間一切紛亂的根源，從個人間的衝突，直到國際間的戰爭，皆因此而起。換句話說，世間一切邪惡，也許必須追溯到這種邪見。

依我看，若不陷入邪念與邪見，包括美國文化與美國政府，都要具備佛教的「悲與慧」。只要含有等量的悲與慧，對大家都有用，既能豐富美國文化，也能幫助美國以外的人，這就是平等智的發揮。因為「悲」代表愛、慈、善、恕及情感方面的高尚情操，也等於心的品質。「慧」代表智性或思想品質。其實，兩者都是佛教的生活內涵。

也許有人認為，美國的高等教育在世界上最具權威性，而美國一批政客也幾乎出自名校，知識淵博，何必還需要佛教的東西呢？殊不知美國高等教育的知識，不是智慧，只是一堆累積的記憶，這種東西叫做「事見」，不是很深入的見解。根據巴利文學會版「清淨道論」上說，真正深入的知見叫做「理見」，不關事物的名稱與標誌，但對實際問題有真知灼見。這種理見只有在心境的一切雜染都被滌除淨盡，經過禪定的鍛鍊，可以達到充份發展的程度，才可能產生。那麼，美國政壇那來這批睿智的政治人物呢？

例如俄國跨台後，有太多美國政客沾沾自喜，在以後的世界新秩序中，美國將成為真正的龍頭老大，這不是慢心在作祟嗎？難怪俄國的戈巴契夫聽了也反唇相譏，冷戰後沒有贏家，雙方都落得慘兮兮。可見戈巴契夫遠比美國政客有智慧，有理見多矣，諾貝爾和平獎金果然沒給錯人了。

近日聽見美國兩黨的總統候選人發表政見，表面上遵循民主的運作規則，言語盡量謹慎，保持友善、自信、理性和慰藉，也兼顧時間和地點，事實上，有沒有違背妄語戒呢？真正動機和理念合不合乎悲與慧呢？倘若答案是否定，那麼，將來不論誰選上總統，恐怕老百姓都會嘗到惡果——失業、挫折和惶恐，只有等待領救濟金。

記得我剛到美國時，一位親戚請我在餐廳晚餐，席間，他說：「美國只有文明，沒有文化。」我當時聽了半信半疑，心想：有可能嗎？美國的聲望不是如日中天嗎？事隔許多年，始知他的感嘆有道理，美國縱使有自己的文化，也只是上述的流行文化，極易感染現代人，也具有某種程度的浸透力，可惜，太缺乏深度和悲願的高尚特性，結果，會難逃明日黃花，和無常的命運。

佛經上說，「菩薩畏因，衆生畏果」，環顧世間許多災難，都事出有因，不知前些時早已種下惡因，不能怨天尤人。今後的幸福也奠定在眼前的善因上，為自己、為子孫，豈可忽視身口意的業力果報而不種善因呢？

學佛妙在實踐中

兩位賓州大學來的遠客，在舍下小住三天，餘暇間，不停地翻閱書架上的「星雲大師演講集」。臨別前，我問他們看完佛書有何感想？因為他們都不是佛教徒，也都在美國住了十幾年，經常上美國人的教堂，結交白人的美國朋友。聽說在他們居住的小鎮裡，一年也難得看到幾個東方人，那裏真是保守美國人群居的社會。

其中，一位女客說：「在學校裡，經常有各種教派的人發傳單，做宣傳，表現各種怪動作和奇異口號，要人去參加，但沒有佛教的影子……。」

另一位男客說：「出乎我的意料，書上說的普普通通，誰都知道的，原來佛教是這個樣子……」語氣略微失望，好像心目中的佛教一定奧妙、奇特，或……。

兩人說得沒錯，佛教西來美洲大陸時間還很短，據說目前也僅在美國幾個大城市有東方佛教的寺廟，宏法事業才在萌芽，像他們居住的小鎮或校園，當然看不到宏法活動了。另一位男客的話，倒也跟我學佛前的感想相似。屈指算時，大約十年前，因為久慕台灣佛學泰斗──印順導師的大名，我不顧自己才疏學淺，毫無佛學基礎，也向某位佛友借閱幾本「妙雲集」，除了較深和專門性的看不懂以外，凡是自己看得懂的內容，也覺得樸質無華，只是通情達理，不像車站放著，任人取閱那些神佛合併的結緣書。所以，我當時對佛教的直覺是，跟普通道德一樣，叫人不做壞事、盡量做好事。這樣，不但對自己有好處，也對別人和社會都好，所謂自利利他、社會諧和、幸福圓滿，如此而已……。

佛經上有一則故事說，有一天，一個農夫把膝下三個兒子叫來問道：

「如果我現在將金、銀、鐵三種東西放在面前，任你們挑選，你們會選上什麼呢？」

「我要金子。」老大搶著說。

「我要銀子。」老二搶著說。

「我要鐵塊。」老三慢條斯理地回答。

老大和老二都暗笑老三真笨，要那黑黑的鐵塊幹嗎！

「你為什麼要選擇鐵塊呢？」農夫也好奇地問起老三了。

「因為鐵的用處多，可以做農具，好讓農夫耕田時用；可以做盔甲和刀劍等武器，保衛自己的家園。表面上，鐵不像金子和銀子那般名貴，不會發光吸引人，不過，它很實用又耐存，我才選擇鐵塊。」

本來，農夫一直比較欣賞老三，經過這番試探，才更肯定老三比其他兩個兒子穩重。果然，幾年後，老三因為肯老實苦幹，在鎮上成了信譽頗佳的商店老板。

佛法也是一樣，不像金、銀用來做裝飾品，不是供人談玄說妙。佛法很像鐵，在生活上實用，禁得起考驗。

《法句經》上說：「不作一切罪惡，行一切善事，清淨自己的心意，乃是佛陀的教誡。」乍見之下，不做壞事，盡量做好事，無異佛教徒的精髓。對於不明佛理，或程度較淺的人，習慣上都這樣說。例如白居易有意皈依佛門，有一天，當他要出任杭州刺史時，特地請教好友——道林禪師說：

「佛法大意到底怎樣呢？」

只聽道林禪師從容不迫地答道：

「諸惡莫作，衆善奉行。」

不料，白居易聽後楞了半天，心想：佛教未免太簡單了。禪師明白他的意思，才補充解釋：

「這話說來容易，認真實行的話，恐怕連八十歲老人也不易做到。」

白居易聽了，恍然大悟。

難怪印順導師說：「學佛即是道德的實踐。」他對學佛弟子常常教誡：「信仰佛法，而不去實踐，是本末倒置。」尤其，他談到一般道德與佛化道德時，更有一番精闢獨到的見解。他認為一般道德不是佛教所獨有的，是各宗教、各民族、各時代所可能共有的道德。佛化道德在般若，般若指智慧，也是通達我法空性的真慧，不是人云亦云的智慧。佛化道德是要破除私我，掃蕩執見的特殊智慧。從這種智慧所攝持、引導的，便與凡夫的德行，截然不同。不僅專為自我的一切着想，而會從整個衆生的立場上看。換句話說，佛化道德的範圍和觀點，超過自我以外。

既如此，那麽，剩下的問題，就在實踐了。

說真的，「實踐」是很不單純的問題，也是最重要的關鍵。據說日本軍事操典「戰術五十講」裡，強烈喩示：「一個實踐，比一百個理論要好。」意思是，儘管嘴裡講得頭頭是道，到底不會產生驅逐敵人的效果，而敵人也不會被一套美妙的理論嚇跑。

還有美國前兩年，一直排名榜首的暢銷書——「我該懂的早在幼稚園就學過了」——只是一本薄薄的小書。暢銷的原因是，作者坦率指出，怎樣過有意義的生活?這方面的道理其實不難，不是藏在高等學府裡，而早在幼稚園就學過了，只是不肯實踐罷了。旨意跟道林禪師回答白居易的話，不是一樣嗎?

參禪打坐，也是道地的實踐法門，日本的白隱禪師依據自己的體驗，點破優遊自在的功力，全部來自：「動中工夫勝靜中百千億倍」。

矇在被窩裡沈思，根本無法產生震憾的工夫。若要參悟玄機，非自己實際體驗不可。

佛教的智慧和妙處，全都來自「信受奉行」，訣竅就這麽簡單。如今，住在柏克萊專門教人念佛的林鈺堂居士說：

「佛法不是一套空洞的理論，然而你被理論迷住了，就在那裡鑽啊、鑽啊、鑽啊……這樣佛法跟生活發生不了什麼關係，也起不了什麼作用。事實上，佛法不是這樣的。佛法是諸佛菩薩修行成道的經驗談。因為佛菩薩有超出我們的經驗，他們看到我們不懂這些道理，受很多苦。就設法把他們的經驗總結出一些方法，讓我們照著修習；藉著這些方法，希望能使我們也可以跟他們一樣，達到菩薩的境界。」

另外，我每次讀慈濟功德會「道侶」這份雜誌，都非常着迷，其實，內容並無高深佛理，也不曾引經據典，但，都是佛教徒的實踐記錄，慈悲喜捨的日記，主角都有名有姓，經過都有時間地點，事情具體詳實，讓人看了不難領悟佛教就是力行。

只說不做，是小人的智慧，跟燈火不能照耀自己一般。凡是言行一致的人，才像成人的智慧，也似日月光輝照亮萬物，消除所有黑暗。下面一則佛經──《六度集經》第三上的故事，雖然內容平凡，卻也能印證佛教的平實、正確，合乎情理。

且說一個懶惰任性的漢子，因為失去家財，生活狼狽，一位長者慷慨地貸給他黃金千兩，讓他去做生意。這個漢子也發誓以後要改邪歸正，再也不偷懶了。

不料，隔了不久，他本性難改，又去吃喝嫖賭，致使一切財產又蕩然無存了。

當他衣裳襤褸，走訪到長者的家門時，慈悲的長者說：「門前有一隻死老鼠，倘若是聰明勤勉的人，照樣能靠那隻死老鼠解決自己的生活，何況，你有千金資本，還會如此潦倒，未免太說不過去……」

剛巧一個乞丐經過，聽到長者的教誨，也頗為感動。他想：「他說得不錯，靠隻死老鼠也能生活。」

歸途中，他拾起一隻死老鼠回去。經過一番調味，放些鹽去烤好老鼠肉，賣得兩文錢。他用這個資本，再買些蔬菜，轉賣得百文錢了。結果，他只靠少許資本起家，後來，終於成為百萬巨富了。

一天，他心想自己曾經當乞丐，幸虧聽到那位長者的教誨，自己才懂得振作，受恩不報，有違正道。

於是，他攜帶許多寶物去答謝長者了。

故事本身很普通，卻富有啟示性，足以讓學佛的人深思反省，可以終身受用。

學佛重視「慚愧心」

一位四十幾年不曾見面的中學同窗，有一天在洛城相逢，雙方驚喜不在話下。之後，我到他工作的汽車旅館經理室造訪，剛好一位打扮時髦、年輕貌美的白人女郎來櫃台租房，我的同窗回首問我：「你知道她是誰嗎？」

我連續搖頭，表示不知道。

「她是個職業妓女。」我的同學笑著說。

「怎麼可能呢？」我楞了半天，才說出這幾個字。因為我在尋思，年輕貌美是最好的本錢，找個如意郎君，成就美滿眷屬有何難呢？何況，土生土長的白人，總愛把美利堅合衆國看成自己的土地，東方人都是外來族裔，只會搶他們的工作、賺他們的錢，買走他們的好房子，這是白人的優越感……總之，她怎會做妓女呢？我有一百個疑問。

我的同學終於替我解答了。他說，豈止她一個年輕女郎甘心當妓女？在他的房客裡，早晚出入太多年輕女性，包括黑白族裔，黑裔和東方面孔，都染上吸毒惡習，錢花光只好淪為妓女，出賣皮肉，賺再多錢，也都用來吸毒，賺得愈多，毒吸得也愈兇。被警察抓去關了一陣子，出獄後，惡性難改，照樣重操舊業。有些人出獄後，還大大方方地說道：「在牢裡吃穿不用愁，身體反而胖了。」他們一點慚愧心也沒有，眞正無可救藥了……

那位同學的結論，我非常同意。因為喪失慚愧心，無疑連做人最基本的條件也丟掉，俗稱「哀莫大於心死」，無所謂地厚著臉皮，反而大大方方。這樣還有何希望呢？簡直與禽獸無異。學佛很注重慚愧心，憨山大師說：「有慚愧者，則善法得生。」因為有了慚愧心，才能見賢思齊，精進向上，成就佛道。

佛經上說，有一次，佛陀應阿耨達龍王的央求，講述無欲之法，並謂諸菩薩若要修持清淨行，當得十六種大力來調攝身心……有一項是慚愧力，意指菩薩有了慚愧，才能遠離一切罪業，興起各種善法。

《大智度論》卷三也提到僧侶若依品位，可分為四類，而首屈一指的是慚愧僧，因為他能持戒不破，身口淸淨，能辨別好醜，具足慚愧心與羞恥心。

《北本大般涅槃經》卷十九裡，分別給「慚」與「愧」下了很淸晰明確的定義，「慚」是自己不造罪，而「愧」是不教他人造罪；「慚」是指自己心中感覺羞恥，而「愧」是指自己的罪，向別人披露時，覺很羞恥；「慚」是對人的羞恥心，而「愧」是對天的羞恥心。

《成唯識論》卷六上說，「慚」是先尊重自己，而後敬奉賢者與聖者，同時崇重法；「愧」是由世間之力，意思是因為他人的譏謗，或法律制裁，才輕拒暴惡。主張慚與愧要通用，才能使一切諸行光潔。

釋尊制戒的目的有兩種，其中一種為近在攝僧：「攝僧，極攝僧，令僧安樂；折服無羞人；有慚愧者很安樂住持……。」可見慚愧心對於在家和出家兩衆都很重要。世間誰能無過？貴在有無慚愧心。《法句譬喻經》多聞品有一段話──釋尊駐錫拘睒尼國一家精舍時，一位梵志道士，知識淵博，但目中無人，自認天下無人能比。他到處找人辯論，都找不到敵手。白天，他也拿著火把到城市走，行人問他何故，他答說：「世人愚蠢，看不清真相，故用火把照明，引導他們。我看透世間，誰也不敢跟我辯論。」

佛陀不忍心他毀在自傲裡，將來會墮入太山地獄，受到無量劫苦報，才出來反問他：「經典的四聖諦，你懂嗎？」對方答道：「沒聽過。」佛陀才解說四明法是：一為通曉天文、地理與四季調和之理，二為通曉星宿，五行分別之理，三為通曉治國安邦之理，四為通曉軍事衛國之理。接著，反駁他：「你自誇無所不知，怎麼連這四明法也不懂？」

那位梵志聽了非常慚愧，立刻丟下火把。佛陀趁機作偈教誡他：「若多少有聞，自大以驕人，是如盲執燭，照彼不自明。」梵志一聽，更加惶恐愧疚，同時向佛陀頂禮膜拜，止息了妄念。

相反地，我讀到《長阿含劣夷經》一則趣事，忍不住唏噓，所謂大言不慚，或馬不知臉長者，當如是也。原來一個名叫波梨子的外道，自稱智慧與神通都超過釋尊，並宣稱要向釋尊挑戰，等到釋尊接受挑戰，按時前往會場，他卻藉故躲開。群衆裡有一個人叫做頭摩，特地去邀他回來,波梨子反而顧左右而言他了。頭摩當面譬喻諷刺他,簡直像一隻野狐,不自量力,想學萬獸之王的獅子吼,誰知所發的聲音仍是野狐聲。這是非常富有教育意義的啟示,凡是言過其實,或高估自我,等到自己知道不對勁,都該有慚愧心,不要執迷不悟,否則,這種人實在太令人絕望了。

今天報載一個男士有了外遇,被太太知道後,乾脆撕破臉,公開在一起了。太太痛苦得吃不下飯,後來,朋友建議她為先生留面子,不要吵鬧,希望有一天他會發現太太柔順善良——「野花不如家花香。」太太果然接受這個意見,照樣對先生百依百從,有一次,他們到花蓮慈濟功德會,正好聽到證嚴法師開示:「已婚男女,若有外遇,就是遇到色鬼,那是要走倒霉運。」先生心中吃驚,同時覺得慚愧,回家後就悄悄與那個女人分開了。

有時,善人與惡棍的分水嶺,正是有無慚愧心。人生在世,錢關、名關和情關,常常使人頭昏腦脹,一不小心,難免判斷失常,引起極大的困擾與不幸。若肯生慚愧心,放下屠刀,依舊能得到別人原諒,破鏡也能重圓。

慚愧心彷彿一顆善良種子,阿闍世殺父弒母,大逆不道,幸蒙善知識指點,才讓善良種子萌芽,而得到佛陀的救度。

我每次坐在電視前,目睹國內作奸犯科者上法庭,記者們擁前去拍照時,有些低頭疾走,有些側臉躲開,有些舉手遮面,都在表現心有愧疚,悔不當初,才觸犯法網。他們若有自新的機會，相信那顆心裡的善良種子——慚愧——終會萌芽，而改過遷善，因為慚愧是懺悔的基礎，向善的原動力。

現代教育發達，國民的知識水平提高，聽到是非真假的話，都能自己判斷，反而是部份說大話的人缺乏慚愧心，只會滿口胡言，還以為別人聽不懂，可悲可嘆，莫過於此。

怎樣領悟佛陀的偈語？

我在預官受訓時，一位教官上課非常認真，整堂課不說一句廢話，連表情也很嚴肅，只會按照既定大綱，有條不紊地說下去。但有一次，他在舉例時，居然談起一段回憶說，他的家鄉在東北瀋陽，住在電力公司的宿舍。當日本宣佈投降後，鄰居一名日本技師照樣每天早出晚歸，時刻都在埋頭作業，明知國家滅亡，不久會被停止職務，遣送回去。我的教官驚訝地問他，何必這樣認真呢？你不知眼前的情狀嗎？不料，日本技師也很正經地回答：

「我當然知道日本投降了，中國人遲早會來接收，這種修護是我的職責，移交前，每分鐘我都有責任，只待你們快來接管……。」

不說我的教官聽了很感動，那時，我也很欣賞那位技師真懂得生活，分分秒秒都會把握。待我學佛後，每想起這件事，就忍不住讚嘆他活在每一個當下裡，不計較未來命運，一直珍惜眼前的作業。說真的，能做到這樣也真不容易。

今年春季，我去京都旅遊時，客居在一位松本社長的家裡。因為是舊識，我每天出去旅遊回來，都會跟他聊天到深夜，欲罷不能。其間給我印象最深刻的是，松本社長今年七十歲，膝下無子女，只有老妻陪伴。他們經營一間肥皂工廠，生意頂好。松本社長不時提到蘇聯解體後，就要去那裡開分店，擴大到整個俄羅斯，之後進軍歐洲其他地區……他滿肚子壯志雄心，很正經地分析自己的週詳策略。我聽了很納悶，不斷尋思：「他已經七十歲了，又沒有繼承的子女，幹麼還要這樣辛苦呢？」在歸國途中，我一直這樣暗忖，快到台灣的領空，我才恍然大悟。松本社長不理會年齡、不在乎以後成敗，甚至不執着還能活多久，賺來的錢能不能享受，他都放下這一切，只顧往前衝，彷彿生龍活虎般過日子，散發出青春般的活力，不就是生死由它去，我幹我的事，每天都以平常心全力以赴，領悟了禪宗的最高境界嗎？因為有句禪話說：

「若得真正見解，生死不染，去住自由。」

的確，我們要坦誠地面對人生，無礙無掛地活著，自由自在地行動。這樣的人生觀才合乎《法句經》所謂：

「若遍知一切，有情死與生；無執善逝佛，是謂婆羅門。」

譯成白話是，若知道有生必有死，對生死都不會執着的人，才有資格叫做婆羅門。這裡的婆羅門不指異教徒，乃是泛指那些「懂得人生，真正開悟的人。」說得更明白些，人只要活得有意義，死也值得。

我後來發覺松本社長也是佛教徒，因為他家的客廳供奉藥師如來佛，才會如此受用佛教的精髓，悟解這樣高的生命境界。回想他的年紀七老八十，還有如此幹勁，一想到此，我心裡也受到一股震撼，得到一份鼓勵，至少他比我多出十幾二十歲，難道我還能比他差勁嗎？

這份意外的覺悟，可說是我今年旅行日本所得到的最佳收穫。

中國人常說：「生死有命」，也未嘗不能當做修行的方便，因為心中掛礙著生死，那還敢計劃未來呢？尤其，上了年紀，跟死僅一線之隔，倘若時刻擔心自己的死日子，恐怕會加速生命力的消失。有一次，洛城李居士舉辦家庭宏法會上，西來寺星雲大師抽空來開示！會中一位女信徒問大師：

「我學佛以後，好像變成不怕死了，這種現象好不好呢？」

大師立刻讚嘆說：「很好，很好，能夠置生死於度外，才會有大勇氣和大自在……。」

報載一位八十歲的美國老人，活得很開心，他不但給自己買好墳墓，還特定選個日子，邀請一批好友到墓地，先給自己做忌日，刻意慶祝一番。我真佩服他能看破生死，灑脫地跟死亡開玩笑。這是何等智慧，何等定力，可見這位老美實非等閒人也。

平時，我最反對親友去算命、問吉凶、判生死……不管對方是不是多麼出名的鐵嘴，好像新竹縣某鄉鎮有位瞎眼的摸骨大師，名聞寶島，前訪的人趨之若鶩。我想，一般人聽完他的解說，等於接受強烈的暗示，徒增心裡的負擔，難免掛念自己的前程生死，而時刻惶恐，這是何苦來哉？依照佛教的解說，人的命運全操在自己的手上，所以，與其問道於盲，不如反問自己。請讀《法句經》一首偈：（十二章第四偈）

「自己為自己的皈依，他人怎可為皈依呢？

自己若能制御自己，即獲有難得的依止。」

然而，凡夫都會執着自己的生死，也等於人之常情了。例如《法句譬喻經》的一則故事說，某地有四個婆羅門兄弟，都難得地證得了五神通，可惜，他們都預知自己七天會嗚呼哀哉。於是，他們的日子過得極不安，執着生命，乃各顯神通，企圖逃過這一劫數。他們因爲缺乏佛教的智慧，也就是不能由識轉智，灑脫地面對死亡大限。

依照心理學家分析，人類天生有一種迫力，例如抗拒死亡，好生惡死，或期待返老還童。不消說，老年人對死亡的恐懼會更劇烈。依他們看，死即是人生的終點，死後會面對未知的世界，也會對死後的身體變化，產生恐懼，甚至有人擔心死後不能照料子女，給親人帶來沈重打擊，而且有些心願尚未完成……這也難怪，凡夫都是這樣，只有依照佛的教誡，篤實不亂去修行證悟，才能超脫這件人生千古的疑案。

當然，也有極少數例外，面對死亡會照樣面不改色，不慌不忙走到斷頭台前。例如一本雜誌記載，中日兩國甲午戰爭後，日本軍佔領台灣時，一位客家籍的抗日志士——羅福星，不幸被日本軍逮捕，受盡酷刑後，走向刑場還毫不在意地說：「砍頭猶如風吹帽……。」可惜，我忘了下一句，然而光是這樣，就讓我無比地佩服他那顆驚天地、泣鬼神的民族心與愛國魂了。他一點兒也不執着生死，真是了不起的民族英雄。

人類來到世間，彷彿過境旅客，匆匆又得離開凡塵。當生與死來臨時，什麼地位、名譽、財富與知識，既不帶來，又不帶去，兩手空空，了卻生死大事。所有帝王將相、販夫走卒都不例外。我讀過一位禪師的話說：

「都無所有，本來空寂，並非今始。」

再怎麼執着也是枉然，什麼存在都不屬於我的，連自己都不離緣起緣滅。人若徹底悟解本來性空，等於在人生裡注入一縷新光明。

從以上的偈語裡，知道人不能預測生或死，難怪連釋尊也稱讚那些不會被生死煩心的人。其實，類似這樣的人我也曾經碰見過，那是我鄰居一位年屆九十高齡，身體還硬朗的堂伯父。他平時熱心幫人排難解紛之外，也會替種田的兒子看牛。記得一天晚餐時，他們全家都圍坐在餐桌邊，只聽他自我調侃似地向兒孫們說：

「我有一大群朋友都走了，陰間的親戚和熟人比活在陽世的還多。如果我死了，到那裡可以見到久違的朋友和親人，所以，我根本不怕死，要走隨時可以走……。」

他的笑聲非常爽朗，胸襟也十分開闊，臉上安祥極了。

晚風呼呼地吹著，堂伯父的聲音卻在我的耳際響個不停，記得那是除夕前一晚，才給我留下難忘的印象。

雪山童子的啟示

我在師範學校求學時代，國文老師舉孔子曾說：「朝聞道，夕死可也。」我聽了，心想：「怎會有這種人？」因為這是求智若渴，徹底追求真理的態度，只要能領悟真理，連性命都可以不要。學佛以後，我從佛經裡，也讀了不少更詳盡的類似故事，例如「雪山童子」，便是其中之一。

《大般涅槃經》第十三裡，提到一位熱心的求道人，叫做雪山童子，他為了求道，什麼都願意放棄，包括財產、妻兒、住宅、僕傭等一切身外物，甚至連肉身也願意放棄，但他所以這樣做，倒不是想得到天上快樂，只是想專心修道，證悟生死，明明白白體會生命是怎麼回事。

他這項意念不說世人不太相信，連帝釋天在天界也懷疑他的真實性。因為帝釋天明白世間肯發心的人，的確不少，奈何真正肯貫徹始終的人不多；純金的成就，尚且要經歷燒、打、磨三項考驗，何況，求道的路程那麼漫長，那麼曲折，又那麼艱辛。

有一天，帝釋天化身一個殺人不眨眼的羅剎，走到雪山童子身邊猛叫：「諸行無常，就是生滅的法呀。」

雪山童子聽了彷彿溺海中人，突然遇到船隻；或口渴的人，突然找到泉水一般，讓他好生歡喜。他心想：「萬物無常，所有生靈都有生滅，正是自己所要明白的眞理。」於是，他立刻向左右發聲：「剛才那半句詩偈是誰說的呀？」

左顧右盼，除了一個恐怖的羅刹，沒有任何人影。他想，難道是羅刹說出這句令自己感動的偈語？也許他過去見過諸佛，或曾在那兒聽過這半句詩偈吧！

於是，他鼓起勇氣要向羅刹問個明白，不料，羅刹起初百般推辭，堅決不肯吐實，反而表示幾天不曾吃東西，正在飢渴交集。除非眼前得到食物，他才肯說出後半段偈語，而那半段正是雪山童子處心積慮想要知道的。

接著，雪山童子央求他說，寧願皈依他為師父，羅刹不肯，只說自己飢餓疲倦，沒有力氣說下去。

雪山童子問他，現在什麼東西也沒有，怎麼辦才好呢？

羅刹老實不客氣地說，自己德行尚淺，只想吃人肉、喝人血，而現在又沒有力氣去殺人，簡直寸步難行哩。

雪山童子聽懂他的意思，也坦率地說，只要自己能聽到下半偈，也情願獻出肉體給他吃，決不懊悔，也不會食言。換句話說，只要能聽到後半偈，獻出肉身也在所不惜。

於是，羅刹說道：「滅了生滅，才能享受寂滅。」

雪山童子聽了，真是無限歡喜。當然，自己也不能食言，但他仔細一想，自己死了表示說得出，就做得到，卻也對世人無益處，何不把這上下兩首偈語，先寫在樹幹或石頭上，好讓別人看了也能受用。這兩首用生命換來的偈語是——

「諸行無常，是生滅法，生滅滅已，寂滅為樂。」

冷靜思考了片刻，他就要採取行動，實踐諾言了。

當他爬到樹梢時，樹神問他這兩首偈語真有那樣重要嗎？值得用生命交換嗎？

雪山童子毅然回答：

「那是非常寶貴的詩偈，雖僅有十六個字，卻也是連貫前世、現世和來世等三世的諸佛教理。我寧為這個法而死，且不為名聲、利祿、財產，也不想做轉輪聖王、帝釋天，或大梵天王。只希望這首偈語能利益眾生，讓大家不要迷惑下去，如此而已。」他一說完話，就縱身往下跳了。

故事內容大略如此，不但敍述了佛教的精髓，和大乘佛教的理念，也描劃出學佛者的最好典範。

若用現代術語說，他真正看破了財關、名關和情關，而且連性命也不要，目的只是追求真理，這種實例在中外歷史上也是罕見。如果活用在世間法裡，就是做事為人，堅持原則到寧死不屈。為了自己的理想，連砍頭也不怕，何況錢財、情愛、聲望和地位呢？記憶裡，有下列兩件史實，一直令我難忘。

第一件是，法國大革命時，一群烈士們為了追求自由、平等和博愛，上了斷頭台仍很有勇氣地喊道：「不自由，毋寧死」的壯烈口號，而讓後人無限景仰，他們堪稱一群理想的追求者，眞正付出生命的代價。

第二件是，那位發現地動說的伽利略，寧可接受審判，或坐牢，但是，他仍然勇敢地站在牢獄門口說：「縱使我坐牢，地球還是繞著太陽走。」

這兩件史實不是「朝聞道，夕死可也」的真人真事嗎？

撇開歷史上的例證不說，放眼現實人間，也不乏堅持自己原則，徹底實踐理想，絲毫不肯向環境妥協的人。

例如報載一位大陸作家王××來到洛城，雖然，他的作品我無緣拜讀，但他講過一段很感人的話，讓我非常崇敬他的骨氣與志向。這裡不談政治，恕我只引出他的話說：「我在高壓下仍在寫文章的勇氣，只是覺得有責任代表苦難的老百姓說話……年輕時，我為了創造新社會，不怕被國民黨殺頭，為的就是『理想』這兩字。」

可見殘酷的政治現狀下，他兩邊不討好，冒著生命的危險，不怕坐牢，也不畏槍斃，只知心目中的理想，義無反顧，等於給後人留下「膽識」與「風格」的榜樣，不也近似堅持原則，寧死不屈的意思嗎？

如果把標準放寬一些，一個人活著不為名利，而能堅守自己的生活信條，也算很接近上述的榜樣。例如土城鄉有一位畫家吳老先生，瀟灑過日子，只求生活痛快，不為名利煩惱，也是頂難得的人。原來，他浸淫詩畫七十多年，擅長寫實、寫景和寫意境。生活一直淡泊，也能以作畫自娛。他的成就不小，例如參展中日親善畫展十幾次，又受美國某單位邀請，到國會山莊巡迴展出，可見他的作品受歡迎的程度。

平時，有許多做高官的朋友都想拉他一把，但他不想要，因為他相信：「心即是佛，佛即是心」，人生最重要的是，要讓自己活得痛快瀟灑，這也是他不向現實低頭的寫照，雖然不像雪山童子那樣捨命求智慧，但吳老先生堅持「名利擺兩邊，瀟灑放中間」的人生哲學，也着實令人尊敬。

有一次，日本一家商社的宮本社長跟我閒聊時，提到自己當年實在對賺錢有興趣，才決心考進商社，而不去上研究所，讀博士，當教授，他說：

「研究學問的路子很窄小，完全跟錢、名、地位無緣，一定要有興趣才能往那條路走，倘若當了教授，還想要名利，又要地位，簡直不倫不類……。」

聽到他的話，我猛然想起去年幾位大陸名學者，訪問台灣中研院後的感嘆：「不重視基礎研究，太看重功利了。」還有一大群整天忙著東兼課、西演講，輕蔑研究學問的教師們，是否也要堅持真理第一、學問至上的原則呢？

從雪山童子的佛教故事裡，我得到三點生活智慧：

第一點是，我們活在生滅無常的人間，若只飄泊在生與滅的對立上，就不能獲得真正的安心與滿足，只有超越生與滅，處在沒有生滅煩惱的絕對境界裡，才能真正快樂，和真正的覺悟。可惜，一般人卻偏偏做不到這一點。

第二點是，人生的真正意義，不在活得多久，而是看他活得值不值得？說得莊嚴一些，就是有沒有立功、立德和立言？若有，那麼，他們短促生命所散發的芳香，也能讓世世代代的人都聞得到。不消說，這正是有莊嚴的生命了。如果說得輕鬆些，他到底活得快不快樂呢？有沒有做過幾件有益社會的事情呢？倘若答案是「不」，那麼，他就算白活一輩子，也領悟不到人生的價值了。

第三點是，不論幹那一行業，不要三心兩意，只問耕耘，不一定論報酬，等到因緣成熟，也正是水到渠成、功德圓滿的時候，那種快樂非同小可，無可計量。

寫到此，我猛然想起《法句經》有兩首詩偈正是本文的標準詮釋。

「若人生長百歲，不見不死之道；不如生長一日，得見不死之道。」（一一四）

「若人生長百歲，不見最高的真理；不如生長一日，得見最高的真理。」（一一五）

哥倫布的業因業果

我有一位曾在美國生活將近三十年，平時在老美的公司上班，也研究美國白人移民史的葉姓朋友，透露當年歐洲人剛來美洲大陸，對待印第安人非常殘忍，完全把他們當做野獸撲滅，有些地區甚至出錢懸賞印第安人的頭顱；中南美洲的西班牙人也視印第安人為奴隸……我聽了大吃一驚，但心裡卻半信半疑，當初移民美洲的白人，據我所知，多半是追求信仰自由，毋寧說，也有相當程度的宗教信仰，尤其，西班牙人到中南美洲，幾乎都是天主教徒，難道真會如此殘忍嗎？

另外，我從中學時代起，就愛看美國西部牛仔片，電影上的白人，都是好人，溫馴善良，反而看見片中的「紅蕃」，只會打家刼舍，兇殘無比，專向白人區放火。所以，有過相當長的時間，我對印第安人的印象，都是來自電影的心得，而一直對那位朋友的牢騷與吐露，放在心裡置疑著。

不料，近日慶祝哥倫布五百四十一歲誕辰，耳聞整個美洲大陸都有陸陸續續的印第安族，表現各種形式的抗議，同時，近期有一部美國電影——『與狼共舞』——也反映了白人與印第安人的衝突與矛盾。不少美國白人回顧過去，飲水思源之餘，也重溫自己的祖先——歐洲的殖民先驅，曾對印第安族趕盡殺絕，感到相當的悔咎。

最具體的例子是，明尼蘇達州立大學法學院的人權中心，在州議會聆訊室舉辦一次模擬性的審判，對象是哥倫布和他同時代的幾位人物，當然，這些人都由演員扮演，穿上十五世紀的服裝。審判結果是，哥倫布等人被裁定許多項謀殺罪，可見他們當初對待美洲土著極不友善，也可說犯了屠殺罪，而根本不曾與土著的印第安族結過良緣。不僅貪愛他們的土地，還如醉如痴地撲殺他們，當然讓對方滿懷仇恨，世代相傳，以至今日。

我對哥倫布的名字，始於小學歷史課本，只聽老師說他的膽識非比尋常，發現美洲大陸，對人類影響巨大，似乎都在肯定他的成就，如今始知他們那夥人對待印第安人如此德性。站在佛教的立場上說，他們對異族大開殺戒，憑著自已較高的文明，不施平等心，幹了慘絕人寰的惡業，一定會得到惡報，那是貪瞋痴的果報。

我這樣下結論，不是無的放矢。因為「根本說一切有部毘奈耶雜事」第九有一段記載，很類似歐洲白人苛待印第安族的悲慘史實，結果如上述，天理難逃，自作自受。

那是釋尊的祖國——迦毘羅衛國的釋迦族，遭受惡生王消滅的故事。那一段描述，讓人讀了心驚膽跳，十分難受。

本來，釋迦族的官兵平時接受佛教的教化，熱愛萬物的仁慈心十分濃厚，對於敵軍也不忍心殺害，只用鞭子與木杖猛打敵兵，縱使放箭，也不想殺人，只向馬、象的腹部射去，或射落對方的盔帽、馬鞍，而絕不直接傷害人。這樣，也曾把兇猛來襲的惡生王部隊打敗了。

有一次，惡生王在一個惡知識叫做「苦母」的誘惑下，使用詐術，才得以進入迦毘羅衛國的城裡。

這一來就是悲慘的開始。只見敵兵一面搖旗吶喊，一面擊鼓，立刻使天地震動，叫喊的聲音響徹地底，到處燒殺奸淫。哀號憤怒和顫抖的聲音相互混雜著，一齊傳到城外，簡直讓迦毘羅衛國成了阿鼻地獄。

在這段時間裡，惡生王殺了七萬七千名釋迦族人，俘擄五百名婦女，讓她們被兇象踏死，又活埋五百名男人的身體，只讓頭部露出來，再用鐵杖擊破他們的頭顱，如此殘忍地消滅了釋迦族。

此時，釋尊率領一群弟子，趕來哀悼這片殘酷的景象。一個奄奄一息的孩童，看見釋尊來了，忍不住大哭。釋尊安慰他，惡生王和苦母兩人，七天後會活活墮入阿鼻地獄，他們的憍薩羅國也會被人消滅。

釋尊的預言傳進惡生王的耳朵裡，他們躭憂之餘，仍然設法在池塘建造樓房，一齊搬進去住，以為這樣可以平安地過日子。不料，到了第七天，樓房被火燒毀，他們也死在猛火裡了。於是，釋尊說：

「製造惡罪的報應，會在今生被燒身，

來生也會被燒身，永遠難逃惡報。
造惡多端的報應，不僅今生痛苦，
來生也會痛苦，逃離惡報無盡期。」

自從世界冷戰結束後，各地族裔糾紛，層出不窮。好像南斯拉夫境內，居然也發現幾處萬人塚，裡面掩埋大批無故被殺的罹難者。據說他們厲行種族淨化，一定經過一連串的燒、殺、擄、掠等歷程，慘不忍睹。還有中東地區的庫德族人，也被夾在強敵之中，備受煎熬，吃盡被異族歧視的痛苦。佛教談因說果，諸行無常，既然大家同為地球人，何必相煎太急？而不彼此結緣呢？凡事難逃「成住壞空」，當年羅馬帝國勢力強大，不可一世，最後也是分崩離析。

半世紀前，俄羅斯共產國際，也是龐然大國，只因不懂佛教的平等智，才經常處在恐怖、猜疑和緊張中，如今有機會當然要獨立，才讓蘇聯進入解體的命運。

人類和平共存的智慧，不是以強欺弱，或以大滅小，而是遵循佛法的精諦——友愛、慈悲、容忍和諒解。同時尊重一切生命的尊嚴，不自私、不憎恨，也不逞強。

誠如佛陀所說：「勝利者招致怨恨，失敗者臥在哀痛中，只有寂靜者捨棄勝敗，才能安樂生活；以柔和勝忿怒，以善勝不善，以布施勝慳吝，以真實勝虛妄。」

惟一能讓人類社會永遠幸福的秘訣，全在這裡，而絕對不是動不動就要征服對方，消滅對方。譬如五十多年前，日本軍閥妄言三個月要滅亡中國，結果，到頭來反而自取滅亡，天網恢恢，不是假話。

一位美國教授說：「人類和平不是靠偉人的演講，和宗教的福音，而是靠雙方的勢力均衡及各有多少武器來決定。」

乍聽下，似乎言之成理，也合乎現實，但是，絕非最究竟、最根本的和平之道。因為軍備競賽只會增加恐怖，而靠恐怖是不可能有持久的和平。隨恐怖而來的，只有憎恨、不善與敵愾。這種心理也許暫時抑壓得住，殊不知它會隨時爆發，而演變成動亂。只有在友愛、親善、無憂、安全的氣氛下，才能成就真正和平。

我記得從大學時代起，以色列和巴勒斯坦人就已經爭吵不休，彼此以牙還牙，互相仇恨，幾十年來那有以怨止恨的呢？大家都像叢林的野獸一樣，生活得戰戰兢兢，互相猜疑。

凡讀過佛教史的人，都知道那位被尊稱為「天人所敬愛者」——阿育王，在紀元前三世紀左右，說過一句極感人的話：

「願一切衆生都廢除暴力，克己自制，實踐沈靜溫和的教誡。」當然，這是他皈依佛教後的肺腑之言。他所以被後人尊敬為：「天人所敬愛者」，也就是他大聲呼籲「以德服人，才是最大的勝利。」

另外，他還說過一句不朽的遺言：「我不但自己要摒棄戰爭，也要我的子子孫孫不可認為新的征服值得發動……他們只許以德服人。」

我心想，這也許是人類歷史上惟一的例子，一位聲勢壯大，大有餘力向四鄰擴展的征服者，居然肯放棄戰爭與暴力，而積極轉向和平與非暴力方面。

不知那些美洲白人紀念哥倫布五百四十一歲誕辰時，若明白阿育王的作風，會不會心生愧疚呢？還有那些趾高氣揚的世界強國，是否也肯用平等心對待其他弱小族裔呢？

「如是因」與「如是果」

報紙曾報載一件簡短消息，給我留下深刻的印象，因為內容有啟示和教育意義。且說一個姓佐藤的日本人，在日本侵略中國時，被派到中國戰場當安撫官，奉命假意行善，想收撫戰區的人心。佐藤通達中文、佛學和醫學。雖然，他也痛恨日軍的獸行，心懷罪惡感，不過，他更假戲真做，徹底行善，這樣一則可讓自己心安，另則也能對皇軍交差。

他努力教導鄉下人認字寫字，也自掏腰包，請專業醫生為村民看病。若遇鄰里有人被日軍抓去，他也會運用人際關係保釋出來。佐藤還開了一家工廠，僱用兩千多名華人，而且待遇優渥，他也很體恤員工，且跟村民相處和睦極了。有一次，八路軍要逮捕他，幸賴村民們處處掩護，才能倖免於難。

另有一則佛經故事，性質相似，出在《舊雜譬喻經》卷下，讀後讓我不無感慨，值得一述。

這是釋尊在王舍城靈鷲山對群衆的說法。一個漢子僱用許多工人種植棉樹，有一天，開飯時間到了，廚師正要把煮好的湯菜端出來時，不料，一隻老鳶飛到湯菜上端，突然落下糞便到鍋裡，而後大大方方飛走了。廚師吃了一驚，本想切除有糞便的部份，無奈，糞便即刻溶解在湯菜裡。他也打算再調製一份清湯，偏偏時間不允許。他心想：「雖然，混入這種骯髒東西，味道大概不會變，反正不是我要喝，給別人喝有何妨？如果拉肚子也是他們的事。」

當他端出去時，主人和一大群工人的肚子正在唱空城，聞到香噴噴的湯菜，都忍不住垂涎。不料，主人卻親切地把廚師叫過來，吩咐他說：「你的烹調手藝太棒了，你快來嚐嚐呀！」

廚師推辭不得，明知湯菜含有鳥糞，心裡左右為難，但絕對不能洩露，只好勉強喝下湯了。

縱使沒有半點兒佛法概念的人，讀完前面的報載，也會情不自禁地說：「好人應該如此。」原因是，他做了許多好事，讓許多人受益，那些人才肯義不容辭協助他。如果讀完後面的佛經故事，也會暗笑他：「活該。」或說：「人算不如天算。」學佛的人一口氣讀完兩段文字，會立刻意識到：「這是因果報應。」如是因，得到如是果的實例，而且是明顯的現世報。

現世報也叫做現報，或順現報，佛典的解釋是，今生造業，今生報應。就時間上來說，還有兩種，一種叫順生報，意思是，今生造業，來生報應；另一種是順後報，意思是今生造業，再於來生得到報應。

從上述兩段文字裡，不難看出前者的佐藤氏，的確有了善行善業，所以才會有善報，而不像其他殘暴的日本軍，如果在村裡虐待百姓，或胡作非為，戰後即使不被村民報復，八路軍要捉他們時，也鐵定無人冒險掩護他們。不種善因，那能得善果呢？關於後者，廚師存心不良，以為骯髒的湯菜，是給別人喝的，誰知自己反而先嚐，沒有惡因惡業，那會突然嘗到惡果惡報呢？反正一切善惡因果都要自己負責，這套自然律不是誰發明的，當然也非釋迦牟尼佛發明的，而是天經地義的存在事實。

所以，與其說「信仰」佛法，還不如說「理解」佛法比較合乎實情，除非有妄見，強辭奪理，否則，擺在眼前的事實，不容人們不相信。

說得明白些，不只佛教談因說果，古德也說：「作善，降之百祥，作不善，降之百殃。」又說：「積善之家，必有餘慶，積不善之家……」道家「太上感應篇」說：「善惡之報，如影隨形，形直則影直，形彎則影曲。」

俗話說，有理可以走遍天下，這條自然的道理到那裡講得通，所謂放諸四海而皆準，不就是這項因果理法嗎？

再從實際生活方面看，縱使不是佛教徒，也能看出其中的理路——有如是因，就有如是果。

譬如美國幾個大城市，好像紐約、洛杉磯、芝加哥等，都有地區大小不等的華裔聚集處，俗稱唐人街或中國城。那裏有下列幾項特色：

㈠小販擺賣蔬果，事後垃圾滿地，只有少數小販能夠自律，會用貨車將木箱搬走。其他都把用完的木箱，紙皮等堆放在天橋底下與後巷裡。

㈡中國食品注重新鮮，習慣把食物露出來賣，海鮮要即宰即售，水果蔬菜要給顧客選擇，這樣的包裝方法易讓食物氣味外洩，招惹蟲蠅，污染環境。

㈢許多人趁著天黑，把舊傢俱、床墊抬出街頭，看見那裡堆積垃圾，即往那裡放。

㈣華埠沒有公廁，流浪漢隨處大小便，地上黑黑的水漬及刺鼻的腥味，都有跡可尋。

㈤常見行人拋棄小食後的紙杯、廢紙、塑膠袋等。車輛不守交通規則，不該停車也停車，行人不按交通燈號橫跨馬路，也走在不該走的地方，車輛在不能上下貨的位置，照樣交收貨物……。

如果把上列的事件看成「原因」，那麽，「結果」是什麽呢？根據外國人的批評是：交通混亂、車輛行人都不便、阻塞嚴重，且不良的衛生環境，導致疾病叢生。這樣給予外國人印象之惡劣，不言可喻，而這些統統屬於惡果。

若想改善外人的印象與評語，只有靠自己積極去改善各種惡因，因為那些不是天生的，只看自已有無志氣與魄力而已。總之，外國人瞧不起我們，而原因是自己造成的。

中國城的狀況如此，我心想，國內的情況也不會好多少，外國人對中國城的評語，當然也適用在國內的國人身上。若想洗刷種種不名譽，並不等於向命運挑戰，因爲那些不是天生的，也不是誰給予的。

因果報應是不必爭論的，不僅容易理解，也很容易看見。如果妄加辯解，反而畫蛇添足，多此一舉。

近來，報載幾件聳人聽聞的事，但都有跡可尋，絕非什麼奇蹟，或突然冒出來的。先說美國佛州法院曾接受一件案子，據說是全國史無前例。一個名叫金斯的十二歲男孩，要求與母親斷絕關係，不承認她是自己的母親，雙方都在公堂翻臉。原因是，他的母親只知酗酒、吸毒、淪為妓女、虐待兒子，沒有善盡母親的責任。其次，國內南投縣一個李姓男子，年紀二十五歲，持水果刀殺死親生父親，原因是，他父親只知酗酒、外遇、用盡所有家財，迫使母親得了精神病而自殺……。

另一件是台中市有一個老母親，親手勒死年紀三十歲的兒子，原因是，他在酒後非禮親生女兒，形同亂倫，猶如禽獸……。

這些活生生的家庭悲劇，都由明顯的惡因引起，純粹現做現報、自食惡果，怪不得誰。所謂冥冥中自有安排，倒不是誰在事先安排好的，完全是自導自演，然後由自己閉幕而已。

中華民族是很優秀的，既有衆多人口，又有很久的文化和廣大的資源，但是，為什麼國家到現在還不能成為第一流國家？兩岸的社會也都不能上軌道呢？根本原因在那裡呢？一位日本經濟學家對這項問題，有過深刻與獨到的評論，值得所有中國人慚愧和反省，同時，他也指出日本從明治維新以後為什麼能夠成功的因素。他說：

「我們把需要與能夠解決的問題，都盡可能變成制度、秩序、規矩和法律，讓多數人有法可依，知道怎麼做事，不完善的地方再不斷修訂，問題就會解決得愈來愈好。至於少數人願意在意識形態上爭論，有人激進，有人保守，就讓他們去爭論好了，一萬年也爭議不完。只要他們的爭論不影響大多數老百姓的生活就無妨。你們中國人有個大毛病，不能解決的問題，當成意識形態爭論還可以，能夠解決的問題，也當成意識形態爭論，這樣要等到何時才能解決問題呢？問題愈積愈多，就又來一次革命，革命以後又從頭開始，怎麼得了呢？」

一針見血，正是問題的癥結和原因，中國才會落成這個結果。

交友的智慧——《法句經》

不久前讀「西施傳」，不禁稱讚越王勾踐，幸能聽從范蠡和文種兩位賢臣的意見，才能從失敗中站起來，真正得到益友的籌畫與協助；相反地，我卻十分嘆息吳王夫差，忠言逆耳，不聽伍子胥的善意，還逼他自殺了，在一群小人包圍下，終於亡國自刎，從這兩個極顯明的例證裡，不難領悟「交友」在人生過程裡太重要了。

我讀「西漢演義」時，也發覺項羽各方面的才能都比劉邦強多了，相反地，劉邦可以說文不會文、武也不會武，惟一的特長是，懂得結交朋友，肚量極大，一群能人幹才都肯幫他打天下，替他出主意，而項羽卻連一位熱心幫助他的范增都容納不下，實在不會虛心待人，致使周圍的益友紛紛遠離他。結果，孤軍到底不能成大事。

有人讀完「三國演義」後，譏諷劉備的江山是靠「哭」得來的。這句話的確不是無的放矢，我也發覺劉備的本事，比起孫權和曹操，似乎差了一大截，而且先天的帝業條件也不足，個人是「文不及孔孟之道，武不達孫吳之機」，不過，他有一項孫權與曹操都比不上的優點，就是懂得結交益友。不說手下有五虎將肯替他賣命，連絕頂聰明的諸葛亮，也願意鞠躬盡瘁，死而後已。相反地，他的兒子——阿斗，不會結交益友，所以，在危急存亡之際，自然沒有人出來替他解圍，結果，連江山的守成都無能為力了。

朋友可以分成益友和損友，不論益友或損友，都對自己的事業有舉足輕重的影響，而佛教的生活智慧裡，於《法句經》有兩首偈語，可做這方面最圓滿的詮釋。

「若見彼智者，能指示過失，並能譴責者，當與彼為友；猶如知識者，能指示寶藏。與彼智人友，定善而無惡。」（七十六）

「莫與惡友交，莫友卑鄙者；應與善友交，應友高尚士。」（七十八）

還有《六方禮經》也明確地分別善友與損友。這種區分方式現在照樣可以用，故有極好的參考價值。

善友有四類——第一是，表面埋怨，內心厚道；第二是，當面苦諫，背後稱讚；第三是，患難會相扶持；第四是，貧困雖不能給予物質援助，但會代人謀致富之道。

另外四種人也算善友，值得結交。第一是，朋友發生糾紛時，他會出面勸阻；第二是，被惡友迷惑時，他會挺身出來規諫；第三是，工作倦怠時，他會竭盡鼓勵的責任；第四是，精神迷惑時，他能指引信仰。

相反地，惡友有四類——第一是，心懷怨恨，不動聲色；第二是，在人前稱讚，背後毀謗；第三是，發生事情時，只會幸災樂禍；第四是，外表親切，內心陰險。

至於結交損友時，計有下列壞處，例如，飲酒作樂，不務正業；愛打妄語，品格日趨低俗；愛揭人隱私，最後會傾家蕩產。

有道是「在家靠父母，出外靠朋友」，結交朋友也是社會參與之一。可是，人心隔肚皮，事實上很難分辨對方的好壞善惡，尤其，年輕人的社會閱歷淺薄，容易輕信人言，結果容易上當。報載不良幫派的份子，有些本質不壞，家庭和教養也不差，最先都是受到壞朋友的影響，等到問題嚴重時，已經身不由己，才會愈陷愈深。

據說有些高官子弟，因為父母忙著公事和應酬，無閒管教子女，只好把重要的管教責任交給部屬，但是，部屬通常也未必盡責，有時反而投其所好，不敢拂孩子的意，致使孩子們逐漸不能成器，甚至成了敗家子。

同樣地，現代的父母，只忙著賺錢，忽視子女的管教，例如我有一位親戚，夫婦白手起家，生活很節省，眼前擁有一間化學工廠，無如，對於一男一女的零用錢管得特別緊。夫妻早出晚歸，忙著自己的事業。結果，上高中的男孩，趁父母不在家時，常常溜出去交壞朋友，染上不良嗜好，等他上高三那年，終於結夥搶劫，被抓去坐牢了。女兒也在國中畢業後不久，成了未婚媽媽。顯然，他們的孩子是交友不慎引起的。

佛經裡，不乏類似的例子，阿闍世王子即是其中之一，因為他交上惡知識——提婆達多，受到他的教唆，才犯了滔天大罪，幸虧以後得到釋尊的救渡。

根據《大智度論》第十一所說，目犍連和舍利弗是一對貼心好友，好到無話不談，甚至彼此約定：「誰先得悟，就得回來救渡另一個人。」不久，舍利弗聽到佛弟子阿說示的妙音，趕緊跑去通知目犍連，一點兒也不藏私，結果，兩人結伴去投奔釋尊，成為一段膾炙人口的軼事。

現代生活的特色，就是小家庭，匆忙，加上疏離帶來的寂莫。上了年紀，尤其會感受這些方面的壓力。一位朋友從台灣來，看見許多家庭裡只剩下老人，實在孤單得可憐，於是忍不住警告我：

「你一定要有三老，老本、老伴和老友……。」

乍聽下，我吃了一驚，但仔細一想，又覺得蠻有道理，老本和老伴不用愁，但在異國要找老友，談何簡單？事實上，許多話對老伴都不便談，只有在老友面前，才能開心談敍。老友不僅指益友，也表示能夠推心置腹，什麼肺腑之言都能吐露的知交。

伽利略投錯胎了

我讀大學時，家居鄉下，附近有一所法國和西班牙籍神父主管的天主堂。每逢寒暑假，我都會上天主堂。那時，我一方面看了不少天主教的書，對於天主教的理解全從那兒得到啟蒙，反而對佛教一片空白，只會人云亦云。另一方面，我結識幾位善良溫和的神父們，友誼到現在仍然保持著。不過，他們早已經離開家鄉的天主堂了。記憶裡，我不時問起十七世紀羅馬教廷審判伽利略的冤案，到底如何解說呢？他們一聽，就面有愧色，不是支吾其詞，顧左右而言他，就是編出一套道理，自圓其說。反正我一直得不到滿意的答覆。但憑良心說，我那時沒有信天主教，倒不是這個原因，只能說無緣罷了。

有一次，洛城各報刊登一則大消息，內容正是當年我屢次詢問那些神父們的疑案，如今總算得到解答了，等於我對天主教又上了一課，也引起我對天主教和佛教的比較與研究興趣。

該消息是：「宗教迫害科學，歷史最大冤案，伽利略被定罪三百多年後，教廷認錯，為他平反。」（世界日報）

其實，不只天主教徒，連外教徒也都知道教廷與伽利略的爭辯，長久以來，成為歷史上理性與教條、科學與信仰衝突的一件大公案。十幾個世紀以來，羅馬天主教一直堅信教會為信仰的仲裁者，如今梵蒂岡居然肯正式認錯，實在極為罕見。

事實上，伽利略是一位真理的發現者，因他很熱愛真理，僅憑自己的觀察，確證了哥伯尼的太陽中心說，執着太陽為宇宙中心，而絕對不是地球。這項認知當然被教廷判為異端邪說了。伽利略表示，科學研究與宗教信仰不是互相排斥，此種對自然世界的研究，反而會增進世人對聖經教義的理解與詮釋。

無奈，法庭不聽他這一套，仍然宣佈他的觀點是：「違背事實與教義」。最後，當他被迫向宗教法庭的審判官下跪認罪後，據說他一面緩緩起立，一面輕輕地吐露一句感人的名言：「即使如此，地球還是繞著太陽轉動。」

雖然，報載一位義大利天文學院院長的話說：「時間雖晚，總比沒有好。」一位樞機主教也表示：「如教宗所諭，我們應坦白承認這些錯誤。」屈指算來，伽利略獲得平反，整整遲了三個半世紀。換句話說，教廷執着邪見，偏離事實也長達三百五十九年之久。

也許有人會辯說，宗教與科學不能混為一談，宗教是宗教，科學歸科學，宗教只要誠心信仰就可以了，而不必逐一分析它合不合科學？是不是符合事實？那是一種心靈寄託……表面聽來，也不無道理。說真的，在我沒有學佛以前，也有過異教徒的朋友向我這樣解釋，當時，我也覺得沒有錯，只要一心一意相信，管他合不合邏輯或事實，反正能獲得心靈短暫的平靜就是了，信仰宗教的目的，不就是這樣嗎？如今，我多少理解了佛法，就持不同的態度了。換句話說，我堅決反對那位異教徒朋友的話了。同時，我也反對一般人所謂：「信什麼宗教都一樣，反正都勸人行善。」這也是似是而非，不夠明朗。毋寧說，佛教的態度不止勸人行善，還有更深層、更遠大的層面。而且，佛教對問題的認知，也絕對不同於別的宗教。

有人說，佛法不是宗教，也不是哲學，而是絕對的真理。佛陀不是要我們信仰他個人，而是教導我們怎樣認知事實或真理。因為他自己確實懂得用那些方法可以理解真理，用那些方便的法門能夠達到目的，如此而已。所以，佛陀要我們對任何事都要憑理性去判斷，不要動不動就服膺或聽信某某權威、某某學者、某某高官……的教說，沒有經由理性驗證過的東西，不信也罷。僅就這一點，就可以證明佛教不執着任何教條，更不囿於邪說與異端了。這也是佛教與其他宗教不同的地方，更有異於天主教會的作風了。

有一次，我到洛城一家日本寺廟，聽到一位日本居士透露他的學佛經歷，他說學佛前要先起疑，因為起疑是應該的，佛教不叫人盲信，對於任何事情沒有確實明瞭以前，疑惑是一定存在。可是，他又堅決主張，要想進步時，就絕對要除疑了……我覺得有道理，因為「疑」是五蓋之一，它會覆蓋人的心，讓人不能如實見到真理，一定要去疑存信。

佛教的最大特點是，准許人自由思考。這種自由非常必要，因為佛教認為人類的解脫，全賴個人對真理的自覺，而不是要他順從誰的旨意，這一點跟伽利略的冤案簡直背道而馳。

西諺說，「知識即權力」，依我看，倒不如說：「真理才是權力。」因為真理不容爭辯，也是天經地義。但中國人有一種缺點是，最會依老賣老。老年人跟年輕人爭論時，開口閉口就說：「我吃下的鹽，比你吃的飯量還要多。」「我走過的橋，比你走過的路還要長。」或說：「我當什麼長、什麼官的時候，你還是三歲小兒。」言外之意，表示真理在他那一邊，他有權力決定是非曲直，這是何等荒謬，也是違反佛教的道理。因為《法句經》有句偈語說：

「僅是頭髮白，不能算是長老，他的年紀虛長幾歲，就徒然稱為年老者。」（二六〇）

同樣地，權勢、身份、財富、學歷和資歷等，也都不是代表真理。我心想，如果伽利略當年是佛教徒，一定不會被冤枉，或被強迫認罪。因為佛法符合真理，佛教也最讚嘆真理，佛法的本質也是事實或真理，兩者合而為一。

許多社會學家指出，現代家庭有嚴重的代溝存在，如果處理不好，無異幸福家庭的殺手。依我看，有一種巧妙的和諧手段值得推薦，那就是家長不要凡事以為真理在他那邊，也就是不要執着權威，應該冷靜客觀地以事論事，才能查出真理到底在那邊？我也有過這樣的經驗，就是有些看法難免跟兒女不同。當然，兒女也知道父母處處為他着想，絕對不會害他。可是，他們也有自己的理由不願意接受。這樣一來，雙方會起爭執。有一次，女兒就很生氣地反駁我說：

「爸爸，你只是年紀大些，這件事也不會比我懂得多。」我起初一聽，執着女兒受了美國教育，可以不聽父親的話，忍不住要出言責備時，忽然冷靜一想，她說得沒錯，我對那件事的認知，不如她身歷其境的人清楚，既然如此，她自有她的考量，我怎能替她作主呢？一想到此，我便心平氣和讓女兒自己做決定了。倘若我執着父親的權威，即代表真理的話，就變成不智了，結果也可想而知。

理智的信仰、自由的思考和究竟的真理，正是其他宗教的盲點，不僅伽利略會被教廷判罪，恐怕在其他宗教也一樣，但那些盲點反而是佛教的基本特質，絕對不容抹殺的。

例如巴利文《增支部經》有一段記載，釋尊有一次到列羇舍子鎮訪問，該鎮鎮民都是迦羅族姓。他們請教釋尊，以前有過不同教派的梵志和出家人來，都極力宏揚自己的教義，而非難或排斥別教。這樣一來，反而把鎮民搞迷糊了，到底誰說的是真理？誰說的是妄見呢？

釋尊指引他們說，對於任何可疑的事，就應該起疑，不可被流言、傳說、教條或典籍所拘束，也不可單靠邏輯、推測、事物表象，以為似是而非的話，就崇拜他為導師。只有自己確知某事為善良、美好時，才能信受奉行。

換句話說，釋尊教人不要迷信，也不必盲從。

我常尋思，倘若伽利略出生印度，適逢佛陀出世，而又提出真知灼見的話，鐵定不會有冤獄，何況是平反呢？

不僅所有宗教應有任人起疑與自由思索的雅量與空間，所有教育方法也都要這樣，而國內歷年來的教育盲點正在這裡。例如台大法學院一位馳名的李教授，在迎接海外異議人士彭明敏博士返國時，很感慨地說：「我最敬佩彭教授鼓勵學生要有起疑求真的態度……我深受他的影響。」

而那位國際馳名的彭博士在每個新學期開始，都會習慣詳述知識份子應該具備的三項條件。第一要會自由研究，因為任何宇宙現象，都可以成為研究對象，毫無禁忌，或不可碰觸的東西；第二是，客觀、如實地觀察，不要有偏見；第三是，要能獨立思考，不必盲從或附和別人的話。這些話是真知灼見，的確，凡事不知真象以前，起疑求證，追根究底，才是人類最珍貴的特性，這也符合佛教精神。

最後，佛友們應該同聲誦讀《法句經》一首偈語：

「只有真實就認為真實，

不真實就認為不真實，

才是正確思想的境界，也才能達到真實境界。」（十二）

絕對慈悲與絕對平等

《法華經》第三品提到釋尊有一次在祇園精舍，對大迦葉開示：「只見大雨傾盆，地面全都濕透了，乾硬的地面也沒有灰塵，只見人們、樹木、田野、山峰，到處生氣洋溢，呈現新生的顏色。從深山、河畔和幽谷裡，由各種雜草與藥草，大小樹木，各類樹苗、甘蔗，和葡萄果物，全都沾上雨水的滋潤。雨水因應各地的需要量，不分大小，一視同仁，它們全都承受各種滋潤，依照種類性質，得到適度的發育與成長，以致都能開花結果。一陣雨依據草木不同的性質、境遇和狀態，而給予各種滿足，真是自然的妙用……。」

一陣雨的功用，彷彿佛的慈悲，和父母對兒女的愛心。我想，這樣譬喻無人會反對。俗語說，雙手十指，打到每根指頭，都會痛在心裡。這種慈悲和愛心是無限的，也隨時隨地等著付出，希望對方快樂，自己也會很滿意。

我的女兒不是讀書料子，當然也不是很愛讀書。上了國中，看她讀得很辛苦，尤其，理化、英文和數學等科，每次月考和平常測驗，成績單上都是紅字，而且分數偏低。在台灣那種環境裡，學校成績不好，幾乎被親友和鄰居瞧扁了，也會被士大夫至上的社會價值觀，看成沒有前途，不論男女都差不多，因為女孩子升學風氣也很盛。做父母的那有不讓子女到補習班去惡補呢？不管有沒有實效，都會逼著他（她）去。我的女兒也不例外。剛巧我鄰居有一位陳老師正在替學生補習數學，女兒當然參加，風雨無阻，上下學也比別人方便。相反地，兒子功課從來不必令我擔心，光是女兒的功課，就讓我們夫妻生活平靜不下來。每逢假日也不敢出去玩，寧願待在家陪她做功課。

國中二年級上學期，一次數學月考後，數學、理化只考四十幾分，我看了很擔憂，但看女兒被責備的那副可憐相，就忍不住罵她幾句，她不敢頂嘴，只低著頭，也不敢走到餐桌吃飯，妻子脾氣暴烈，大聲指責：「怎麼補習了還考那麼糟？」接著，拿起竹鞭猛打她幾下手掌，女兒痛得哭泣起來。我在旁邊看了沒講話，但聽到女兒的哭泣，心疼得不得了。我知道她升高中也有問題，只能考到偏遠的私立中學或商工高職，這樣下去，一輩子休想踏進大學之門了。那時候，做父母的一聊天，那個不談自己的兒女讀那個學校？尤其，妻子在教育界，辦公室的同事們私下都知道那個老師的孩子成績如何？

如果，女兒考不上名校，妻子失望和打擊會很大。可是，人的境遇真難說，某次機緣湊巧，我們全家順利拿到簽證，進入美國，開始將近八年的打工歲月，日子過得極為辛酸，比台灣的舒服安逸，猶如天地之別。尤其，我們出國時，一塊美金換四十三塊台幣，我們賣了剛建好，只搬進去住一個月的新房子，加上一點兒私蓄，所有財產只有很少數目的美金。剛來美國時，我們全家被迫接受任何可以有飯吃，不用花老本的行業，不管多麼辛苦和無奈，我們也都咬著牙根，承受過來了。

在漫長的打工日子，而又沒有一天假日的身心疲憊下，我們有時實在忍無可忍，暗忖：何必來美國吃這樣的苦頭？到底值不值得？尤其，目睹台幣節節上升，到目前幾乎讓我們的財產吃虧一半，可謂損失極慘重，當然，我們心疼財產的損失，如果當年的房子不賣掉，今天大約可值多少錢？暗中一算，足以抵得上美國這幾年打工的收入，想到這一點，的確覺得來美國錯了。但冷靜一想，或客觀地反省一下，當初來美國的目的豈止為金錢？當然，羨慕美金價值大，一塊美金可換一大把台幣的心態，不能說完全沒有。

但真正狠下心，辭掉在台灣的職業，尤其，讓妻子離開服務將近二十年的教育界，完全放棄退休金，最直接的動機，還是甘願帶孩子來陌生的美國接受教育，最迫切的收益，就是讓女兒讀得不辛苦，協助她離開根本不適合她求學的環境……如今，女兒總算在加州大學快要畢業了，而大學文憑在台灣，她一輩子也拿不到。我和妻眼見她每天有歡笑，不把上學看成畏途，錢損失雖大，我們心想，也很值得了。我女兒來美國後，的確不需要操心功課，沒有功課壓力的環境，讓她能充份發揮社交活潑的專長……有時冷靜一想，我們才恍然了解「天下父母心」原來是這個意思。每個孩子，都是父母的寶，全世界的父母都一樣的心情，他們疼愛女兒，甘心付出極重的代價，只是為了得到她的歡笑，也覺得損失值得了，其他父母親又何嘗不是同樣願意為兒女辛苦，為兒女忙碌？將心比心，誰會例外呢？

天下父母對待兒女的心，不論大小、輕重、強弱都一樣，苦樂和慈悲絕對平等。佛菩薩對待天下蒼生，也跟做父母親一樣，沒有分族裔、性別、大小、貧富和怨親，都願意爲衆生付出平等的慈心和愛意。誠如《北本大般涅槃經》卷十六所說：

「譬如父母見子遇患，心生苦惱，愍之愁毒，初無捨離，菩薩摩訶薩住是地中亦復如是，見諸衆生為煩惱病之所纏切，心生愁惱，憂念如子，身諸毛孔，血皆流出，是故此地名為一子。」

但是，《大智度論》將慈與悲統統攝於四無量心裡，分別叫做慈無量和悲無量。對待衆生的慈悲喜捨，可以根本不計較，不想索回代價，心甘情願付出去。再仔細一分，慈悲又有三種，其中第一種是凡夫的慈悲，叫做生緣慈悲，把天下衆生看做赤子，給予快樂，解除他們的苦惱。聲聞、緣覺和菩薩最初的慈悲，都屬於這類。只有到了第三種的無緣慈悲，才是佛獨具的慈悲，也叫做大慈大悲，因為它根本沒有差別的見解，沒有分別心，才有一視同仁，慈悲喜捨也絕對平等。

釋尊在《長阿含小緣經》裡，對兩位婆羅門族的弟子開示，佛教的十善與十惡行為，不僅存在被人輕蔑的刹帝利族，也照樣存在其他婆羅門族、吠舍族和首陀羅族。在正信裡，沒有種姓區別，亦無優越感，若承認這些區別，無疑是俗法。如果不拋棄這項心態，絕對不能開悟成佛，而這是佛教的慈悲平等。

大展出版社有限公司	圖書目錄
地址：台北市北投區11204 致遠一路二段12巷1號 郵撥： 0166955～1	電話：(02) 8236031 8236033 傳眞：(02) 8272069

• 法律專欄連載 • 電腦編號58

台大法學院 法律學系／策劃 法律服務社／編著

①別讓您的權利睡著了[1]	180元
②別讓您的權利睡著了[2]	180元

• 婦 幼 天 地 • 電腦編號16

①八萬人減肥成果	黃靜香譯	150元
②三分鐘減肥體操	楊鴻儒譯	130元
③窈窕淑女美髮秘訣	柯素娥譯	130元
④使妳更迷人	成 玉譯	130元
⑤女性的更年期	官舒姸編譯	130元
⑥胎內育兒法	李玉瓊編譯	120元
⑦愛與學習	蕭京凌編譯	120元
⑧初次懷孕與生產	婦幼天地編譯組	180元
⑨初次育兒12個月	婦幼天地編譯組	180元
⑩斷乳食與幼兒食	婦幼天地編譯組	180元
⑪培養幼兒能力與性向	婦幼天地編譯組	180元
⑫培養幼兒創造力的玩具與遊戲	婦幼天地編譯組	180元
⑬幼兒的症狀與疾病	婦幼天地編譯組	180元
⑭腿部苗條健美法	婦幼天地編譯組	150元
⑮女性腰痛別忽視	婦幼天地編譯組	130元
⑯舒展身心體操術	李玉瓊編譯	130元
⑰三分鐘臉部體操	趙薇妮著	120元
⑱生動的笑容表情術	趙薇妮著	120元
⑲心曠神怡減肥法	川津祐介著	130元
⑳內衣使妳更美麗	陳玄茹譯	130元

• 青 春 天 地 • 電腦編號17

①A血型與星座	柯素娥編譯	120元

②B血型與星座	柯素娥編譯	120元
③O血型與星座	柯素娥編譯	120元
④AB血型與星座	柯素娥編譯	120元
⑤青春期性教室	呂貴嵐編譯	130元
⑥事半功倍讀書法	王毅希編譯	130元
⑦難解數學破題	宋釗宜編譯	130元
⑧速算解題技巧	宋釗宜編譯	130元
⑨小論文寫作秘訣	林顯茂編譯	120元
⑩視力恢復！超速讀術	江錦雲譯	130元
⑪中學生野外遊戲	熊谷康編著	120元
⑫恐怖極短篇	柯素娥編譯	130元
⑬恐怖夜話	小毛驢編譯	130元
⑭恐怖幽默短篇	小毛驢編譯	120元
⑮黑色幽默短篇	小毛驢編譯	120元
⑯靈異怪談	小毛驢編譯	130元
⑰錯覺遊戲	小毛驢編譯	130元
⑱整人遊戲	小毛驢編譯	120元
⑲有趣的超常識	柯素娥編譯	130元
⑳哦！原來如此	林慶旺編譯	130元
㉑趣味競賽100種	劉名揚編譯	120元
㉒數學謎題入門	宋釗宜編譯	150元
㉓數學謎題解析	宋釗宜編譯	150元
㉔透視男女心理	林慶旺編譯	120元
㉕少女情懷的自白	李桂蘭編譯	120元
㉖由兄弟姊妹看命運	李玉瓊編譯	130元
㉗趣味的科學魔術	林慶旺編譯	150元
㉘趣味的心理實驗室	李燕玲編譯	150元
㉙愛與性心理測驗	小毛驢編譯	130元
㉚刑案推理解謎	小毛驢編譯	130元
㉛偵探常識推理	小毛驢編繹	130元

・健 康 天 地・電腦編號18

①壓力的預防與治療	柯素娥編譯	130元
②超科學氣的魔力	柯素娥編譯	130元
③尿療法治病的神奇	中尾良一著	130元
④鐵證如山的尿療法奇蹟	廖玉山譯	120元
⑤一日斷食健康法	葉慈容編譯	120元
⑥胃部強健法	陳炳崑譯	120元
⑦癌症早期檢查法	廖松濤譯	130元

⑧老人痴呆症防止法	柯素娥編譯	130元
⑨松葉汁健康飲料	陳麗芬編譯	130元

•超現實心理講座•電腦編號22

①超意識覺醒法	詹蔚芬編譯	130元
②護摩秘法與人生	劉名揚編譯	130元
③秘法！超級仙術入門	陸　明譯	150元

•心　靈　雅　集•電腦編號00

①禪言佛語看人生	松濤弘道著	150元
②禪密教的奧秘	葉逯謙譯	120元
③觀音大法力	田口日勝著	120元
④觀音法力的大功德	田口日勝著	120元
⑤達摩禪106智慧	劉華亭編譯	150元
⑥有趣的佛教研究	葉逯謙編譯	120元
⑦夢的開運法	蕭京凌譯	130元
⑧禪學智慧	柯素娥編譯	130元
⑨女性佛教入門	許俐萍譯	110元
⑩佛像小百科	心靈雅集編譯組	130元
⑪佛教小百科趣談	心靈雅集編譯組	120元
⑫佛教小百科漫談	心靈雅集編譯組	150元
⑬佛教知識小百科	心靈雅集編譯組	150元
⑭佛學名言智慧	松濤弘道著	180元
⑮釋迦名言智慧	松濤弘道著	180元
⑯活人禪	平田精耕著	120元
⑰坐禪入門	柯素娥編譯	120元
⑱現代禪悟	柯素娥編譯	130元
⑲道元禪師語錄	心靈雅集編譯組	130元
⑳佛學經典指南	心靈雅集編譯組	130元
㉑何謂「生」　阿含經	心靈雅集編譯組	130元
㉒一切皆空　般若心經	心靈雅集編譯組	130元
㉓超越迷惘　法句經	心靈雅集編譯組	130元
㉔開拓宇宙觀　華嚴經	心靈雅集編譯組	130元
㉕真實之道　法華經	心靈雅集編譯組	130元
㉖自由自在　涅槃經	心靈雅集編譯組	130元
㉗沈默的教示　維摩經	心靈雅集編譯組	130元
㉘開通心眼　佛語佛戒	心靈雅集編譯組	130元
㉙揭秘寶庫　密教經典	心靈雅集編譯組	130元
㉚坐禪與養生	廖松濤譯	110元

㉛釋尊十戒	柯素娥編譯	120元
㉜佛法與神通	劉欣如編著	120元
㉝悟（正法眼藏的世界）	柯素娥編譯	120元
㉞只管打坐	劉欣如編譯	120元
㉟喬答摩・佛陀傳	劉欣如編著	120元
㊱唐玄奘留學記	劉欣如編譯	120元
㊲佛教的人生觀	劉欣如編譯	110元
㊳無門關（上卷）	心靈雅集編譯組	150元
㊴無門關（下卷）	心靈雅集編譯組	150元
㊵業的思想	劉欣如編著	130元
㊶		

・經 營 管 理・電腦編號01

◎創新經營管理六十六大計（精）	蔡弘文編	780元
①如何獲取生意情報	蘇燕謀譯	110元
②經濟常識問答	蘇燕謀譯	130元
③股票致富68秘訣	簡文祥譯	100元
④台灣商戰風雲錄	陳中雄著	120元
⑤推銷大王秘錄	原一平著	100元
⑥新創意・賺大錢	王家成譯	90元
⑦工廠管理新手法	琪　輝著	120元
⑧奇蹟推銷術	蘇燕謀譯	100元
⑨經營參謀	柯順隆譯	120元
⑩美國實業24小時	柯順隆譯	80元
⑪撼動人心的推銷法	原一平著	120元
⑫高竿經營法	蔡弘文編	120元
⑬如何掌握顧客	柯順隆譯	150元
⑭一等一賺錢策略	蔡弘文編	120元
⑮世界經濟戰爭	約翰・渥洛諾夫著	120元
⑯成功經營妙方	鐘文訓著	120元
⑰一流的管理	蔡弘文編	150元
⑱外國人看中韓經濟	劉華亭譯	150元
⑲企業不艮幹部群相	琪輝編著	120元
⑳突破商場人際學	林振輝編著	90元
㉑無中生有術	琪輝編著	140元
㉒如何使女人打開錢包	林振輝編著	100元
㉓操縱上司術	邑井操著	90元
㉔小公司經營策略	王嘉誠著	100元
㉕成功的會議技巧	鐘文訓編譯	100元
㉖新時代老闆學	黃柏松編著	100元

㉗如何創造商場智囊團	林振輝編譯	150元
㉘十分鐘推銷術	林振輝編譯	120元
㉙五分鐘育才	黃柏松編譯	100元
㉚成功商場戰術	陸明編譯	100元
㉛商場談話技巧	劉華亭編譯	120元
㉜企業帝王學	鐘文訓譯	90元
㉝自我經濟學	廖松濤編譯	100元
㉞一流的經營	陶田生編著	120元
㉟女性職員管理術	王昭國編譯	120元
㊱ＩＢＭ的人事管理	鐘文訓編譯	150元
㊲現代電腦常識	王昭國編譯	150元
㊳電腦管理的危機	鐘文訓編譯	120元
㊴如何發揮廣告效果	王昭國編譯	150元
㊵最新管理技巧	王昭國編譯	150元
㊶一流推銷術	廖松濤編譯	120元
㊷包裝與促銷技巧	王昭國編譯	130元
㊸企業王國指揮塔	松下幸之助著	120元
㊹企業精銳兵團	松下幸之助著	120元
㊺企業人事管理	松下幸之助著	100元
㊻華僑經商致富術	廖松濤編譯	130元
㊼豐田式銷售技巧	廖松濤編譯	120元
㊽如何掌握銷售技巧	王昭國編著	130元
㊾一分鐘推銷員	廖松濤譯	90元
㊿洞燭機先的經營	鐘文訓編譯	150元
51ＩＢＭ成功商法	巴克・羅傑斯著	130元
52新世紀的服務業	鐘文訓編譯	100元
53成功的領導者	廖松濤編譯	120元
54女推銷員成功術	李玉瓊編譯	130元
55ＩＢＭ人才培育術	鐘文訓編譯	100元
56企業人自我突破法	黃琪輝編著	150元
57超級經理人	羅拔・海勒著	100元
58財富開發術	蔡弘文編著	130元
59成功的店舖設計	鐘文訓編著	150元
60靈巧者成功術	鐘文訓編譯	150元
61企管回春法	蔡弘文編著	130元
62小企業經營指南	鐘文訓編譯	100元
63商場致勝名言	鐘文訓編譯	150元
64迎接商業新時代	廖松濤編譯	100元
65透視日本企業管理	廖松濤　譯	100元
66新手股票投資入門	何朝乾　編	150元
67上揚股與下跌股	何朝乾編譯	150元

⑱股票速成學	何朝乾編譯	180元
⑲理財與股票投資策略	黃俊豪編著	180元
⑳黃金投資策略	黃俊豪編著	180元
㉑厚黑管理學	廖松濤編譯	180元
㉒股市致勝格言	呂梅莎編譯	180元
㉓透視西武集團	林谷燁編譯	150元
㉔推銷改變我的一生	柯素娥　譯	120元
㉕推銷始於被拒	盧媚璟　譯	120元
㉖巡迴行銷術	陳蒼杰譯	150元
㉗推銷的魔術	王嘉誠譯	120元
㉘60秒指導部屬	周蓮芬編譯	150元
㉙精銳女推銷員特訓	李玉瓊編譯	130元
㊵企劃、提案、報告圖表的技巧	鄭　汶　譯	180元
㊶海外不動產投資	許達守編譯	150元
㊷八百件的世界策略	李玉瓊譯	150元
㊸服務業品質管理	吳宜芬譯	180元
㊹零庫存銷售	黃東謙編譯	150元
㊺三分鐘推銷管理	劉名揚編譯	150元
㊻推銷大王奮鬥史	原一平著	150元
㊼豐田汽車的生產管理	林谷燁編譯	元

・成功寶庫・電腦編號02

①上班族交際術	江森滋著	100元
②拍馬屁訣竅	廖玉山編譯	110元
③一分鐘適應法	林曉陽譯	90元
④聽話的藝術	歐陽輝編譯	110元
⑤人心透視術	多湖輝著	100元
⑥克服逆境的智慧	廖松濤　譯	100元
⑦不可思議的人性心理	多湖輝　著	120元
⑧成功的人生哲學	劉明和　譯	120元
⑨求職轉業成功術	陳　義編著	110元
⑩上班族禮儀	廖玉山編著	120元
⑪接近心理學	李玉瓊編著	100元
⑫創造自信的新人生	廖松濤編著	120元
⑬卡耐基的人生指南	林曉鐘編譯	120元
⑭上班族如何出人頭地	廖松濤編著	100元
⑮神奇瞬間瞑想法	廖松濤編譯	100元
⑯人生成功之鑰	楊意苓編著	150元
⑰當一個享受成功的人	戴恆雄編著	100元
⑱潛在心理術	多湖輝　著	100元

⑲給企業人的諍言	鐘文訓編著	120元
⑳企業家自律訓練法	陳　義編譯	100元
㉑上班族妖怪學	廖松濤編著	100元
㉒猶太人縱橫世界的奇蹟	孟佑政編著	110元
㉓訪問推銷術	黃静香編著	130元
㉔改運的秘訣	吳秀美　譯	120元
㉕你是上班族中強者	嚴思圖編著	100元
㉖向失敗挑戰	黃静香編著	100元
㉗成功心理學	陳蒼杰　譯	100元
㉘墨菲成功定律	吳秀美　譯	130元
㉙機智應對術	李玉瓊編著	130元
㉚成功頓悟100則	蕭京凌編譯	130元
㉛掌握好運100則	蕭京凌編譯	110元
㉜知性幽默	李玉瓊編譯	130元
㉝熟記對方絕招	黃静香編譯	100元
㉞男性成功秘訣	陳蒼杰編譯	130元
㉟超越巔峯者	C・加菲爾德著	130元
㊱業務員成功秘方	李玉瓊編著	120元
㊲察言觀色的技巧	劉華亭編著	130元
㊳一流領導力	施義彥編譯	120元
㊴一流說服力	李玉瓊編著	130元
㊵30秒鐘推銷術	廖松濤編譯	120元
㊶猶太成功商法	周蓮芬編譯	120元
㊷尖端時代行銷策略	陳蒼杰編著	100元
㊸顧客管理學	廖松濤編著	100元
㊹如何使對方說Yes	程　羲編著	150元
㊺如何提高工作效率	劉華亭編著	150元
㊻企業戰術必勝法	黃静香編著	130元
㊼上班族口才學	楊鴻儒譯	120元
㊽上班族新鮮人須知	程　羲編著	120元
㊾如何左右逢源	程　羲編著	130元
㊿語言的心理戰	多湖輝著	130元
51扣人心弦演說術	劉名揚編著	120元
52八面玲瓏成功術	陳　義譯	130元
53如何增進記憶力、集中力	廖松濤譯	130元
54頂尖領導人物	陳蒼杰譯	120元
55性惡企業管理學	陳蒼杰譯	130元
56自我啟發200招	楊鴻儒編著	150元
57做個傑出女職員	劉名揚編著	130元
58靈活的集團營運術	楊鴻儒編著	120元
59必勝交涉強化法	陳蒼杰譯	120元

⑥⓪個案研究活用法	楊鴻儒編著	130元
⑥①企業教育訓練遊戲	楊鴻儒編著	120元
⑥②管理者的智慧	程　義編譯	130元
⑥③做個佼佼管理者	馬筱莉編譯	130元
⑥④智慧型說話技巧	沈永嘉編譯	130元
⑥⑤歌德人生箴言	沈永嘉編譯	150元
⑥⑥活用佛學於經營	松濤弘道著	150元
⑥⑦活用禪學於企業	柯素娥編譯	130元
⑥⑧詭辯的智慧	沈永嘉編譯	130元
⑥⑨幽默詭辯術	廖玉山編譯	130元
⑦⓪拿破崙智慧箴言	柯素娥編譯	130元
⑦①自我培育・超越	蕭京凌編譯	150元
⑦②深層心理術	多湖輝著	130元
⑦③深層語言術	多湖輝著	130元
⑦④時間即一切	沈永嘉編譯	130元
⑦⑤自我脫胎換骨	柯素娥譯	150元
⑦⑥贏在起跑點—人才培育鐵則	楊鴻儒編譯	150元
⑦⑦做一枚活棋	李玉瓊編譯	130元
⑦⑧面試成功戰略	柯素娥編譯	130元
⑦⑨自我介紹與社交禮儀	柯素娥編譯	130元
⑧⓪說NO的技巧	廖玉山編譯	130元
⑧①瞬間攻破心防法	廖玉山編譯	120元
⑧②改變一生的名言	李玉瓊編譯	130元
⑧③性格性向創前程	楊鴻儒編譯	130元
⑧④訪問行銷新竅門	廖玉山編譯	150元
⑧⑤無所不達的推銷話術	李玉瓊編譯	150元

・處 世 智 慧・電腦編號03

①如何改變你自己	陸明編譯	90元
②人性心理陷阱	多湖輝著	90元
③面對面的心理戰術	多湖輝著	90元
④幽默說話術	林振輝編譯	120元
⑤讀書36計	黃柏松編譯	110元
⑥靈感成功術	譚繼山編譯	80元
⑦如何使人對你好感	張文志譯	110元
⑧扭轉一生的五分鐘	黃柏松編譯	100元
⑨知人、知面、知其心	林振輝譯	110元
⑩現代人的詭計	林振輝譯	100元
⑪怎樣突破人性弱點	摩　根著	90元
⑫如何利用你的時間	蘇遠謀譯	80元

⑬口才必勝術	黃柏松編譯	120元
⑭女性的智慧	譚繼山編譯	90元
⑮如何突破孤獨	張文志編譯	80元
⑯人生的體驗	陸明編譯	80元
⑰微笑社交術	張芳明譯	90元
⑱幽默吹牛術	金子登著	90元
⑲攻心說服術	多湖輝著	100元
⑳當機立斷	陸明編譯	70元
㉑勝利者的戰略	宋恩臨編譯	80元
㉒如何交朋友	安紀芳編著	70元
㉓鬥智奇謀（諸葛孔明兵法）	陳炳崑著	70元
㉔慧心良言	亦　奇著	80元
㉕名家慧語	蔡逸鴻主編	90元
㉖金色的人生	皮爾著	80元
㉗稱霸者啟示金言	黃柏松編譯	90元
㉘如何發揮你的潛能	陸明編譯	90元
㉙女人身態語言學	李常傳譯	100元
㉚摸透女人心	張文志譯	90元
㉛現代戀愛秘訣	王家成譯	70元
㉜給女人的悄悄話	妮倩編譯	90元
㉝行為語言的奧秘	歆夫編譯	110元
㉞如何開拓快樂人生	陸明編譯	90元
㉟驚人時間活用法	鐘文訓譯	80元
㊱成功的捷徑	鐘文訓譯	70元
㊲幽默逗笑術	林振輝著	120元
㊳活用血型讀書法	陳炳崑譯	80元
㊴心　燈	葉于模著	100元
㊵當心受騙	林顯茂譯	90元
㊶心・體・命運	蘇燕謀譯	70元
㊷如何使頭腦更敏銳	陸明編譯	70元
㊸宮本武藏五輪書金言錄	宮本武藏著	100元
㊹厚黑說服術	多湖輝著	90元
㊺勇者的智慧	黃柏松編譯	80元
㊻善意的心理騙術	多湖輝著	75元
㊼成熟的愛	林振輝譯	120元
㊽現代女性駕馭術	蔡德華著	90元
㊾禁忌遊戲	酒井潔著	90元
㊿自我表現術	多湖輝著	100元
(51)女性的魅力・年齡	廖玉山譯	90元
(52)摸透男人心	劉華亭編譯	80元
(53)如何達成願望	謝世輝著	90元

㊹創造奇蹟的「想念法」	謝世輝著	90元
㊺創造成功奇蹟	謝世輝著	90元
㊻男女幽默趣典	劉華亭譯	90元
㊼幻想與成功	廖松濤譯	80元
㊽反派角色的啟示	廖松濤編譯	70元
㊾現代女性須知	劉華亭編著	75元
㊿一分鐘記憶術	廖玉山譯	90元
61機智說話術	劉華亭編譯	100元
62如何突破內向	姜倩怡編譯	110元
63扭轉自我的信念	黃　翔編譯	100元
64讀心術入門	王家成編譯	100元
65如何解除內心壓力	林美羽編著	110元
66取信於人的技巧	多湖輝著	110元
67如何培養堅強的自我	林美羽編著	90元
68自我能力的開拓	卓一凡編著	110元
69求職的藝術	吳秀美編譯	100元
70縱橫交涉術	嚴思圖編著	90元
71如何培養妳的魅力	劉文珊編著	90元
72魅力的力量	姜倩怡編著	90元
73金錢心理學	多湖輝著	100元
74語言的圈套	多湖輝著	110元
75個性膽怯者的成功術	廖松濤編譯	100元
76人性的光輝	文可式編著	90元
77如何建立自信心	諾曼・比爾著	90元
78驚人的速讀術	鐘文訓編譯	90元
79培養靈敏頭腦秘訣	廖玉山編著	90元
80夜晚心理術	鄭秀美編譯	80元
81如何做個成熟的女性	李玉瓊編著	80元
82現代女性成功術	劉文珊編著	90元
83成功說話技巧	梁惠珠編譯	100元
84人生的真諦	鐘文訓編譯	100元
85妳是人見人愛的女孩	廖松濤編著	120元
86精神緊張速解法	F・查爾斯著	90元
87指尖・頭腦體操	蕭京凌編譯	90元
88電話應對禮儀	蕭京凌編著	90元
89自我表現的威力	廖松濤編譯	100元
90名人名語啟示錄	喬家楓編著	100元
91男與女的哲思	程鐘梅編譯	110元
92靈思慧語	牧　風著	110元
93心靈夜語	牧　風著	100元
94激盪腦力訓練	廖松濤編譯	100元

㊵三分鐘頭腦活性法	廖玉山編譯	110元
㊶星期一的智慧	廖玉山編譯	100元
㊷溝通說服術	賴文琇編譯	100元
㊸超速讀超記憶法	廖松濤編譯	120元

・健康與美容・電腦編號04

①B型肝炎預防與治療	曾慧琪譯	130元
・②胃部強健法	陳炳崑譯	90元
③媚酒傳（中國王朝秘酒）	陸明主編	120元
④藥酒與健康果菜汁	成玉主編	150元
⑤中國回春健康術	蔡一藩著	100元
⑥奇蹟的斷食療法	蘇燕謀譯	110元
⑦中國內功健康法	張惠珠著	100元
⑧健美食物法	陳炳崑譯	120元
⑨驚異的漢方療法	唐龍編著	90元
⑩不老強精食	唐龍編著	100元
⑪經脈美容法	月乃桂子著	90元
⑫五分鐘跳繩健身法	蘇明達譯	100元
⑬睡眠健康法	王家成譯	80元
⑭你就是名醫	張芳明譯	90元
⑮如何保護你的眼睛	蘇燕謀譯	70元
⑯自我指壓術	今井義晴著	120元
⑰室內身體鍛鍊法	陳炳崑譯	100元
⑱飲酒健康法	J・亞當姆斯著	100元
⑲釋迦長壽健康法	譚繼山譯	90元
⑳腳部按摩健康法	譚繼山譯	120元
㉑自律健康法	蘇明達譯	90元
㉒最新瑜伽自習	蘇燕謀譯	180元
㉓身心保健座右銘	張仁福著	160元
㉔腦中風家庭看護與運動治療	林振輝譯	100元
㉕秘傳醫學人相術	成玉主編	120元
㉖導引術入門⑴治療慢性病	成玉主編	110元
㉗導引術入門⑵健康・美容	成玉主編	110元
㉘導引術入門⑶身心健康法	成玉主編	110元
㉙妙用靈藥・蘆薈	李常傳譯	90元
㉚萬病回春百科	吳通華著	150元
㉛初次懷孕的10個月	成玉編譯	100元
㉜中國秘傳氣功治百病	陳炳崑編譯	130元
㉝蘆薈治萬病	李常傳譯	<售缺>
㉞仙人成仙術	陸明編譯	100元

㉟仙人長生不老學	陸明編譯	100元
㊱釋迦秘傳米粒刺激法	鐘文訓譯	120元
㊲痔・治療與預防	陸明編譯	130元
㊳自我防身絕技	陳炳崑編譯	120元
㊴運動不足時疲勞消除法	廖松濤譯	110元
㊵三溫暖健康法	鐘文訓編譯	90元
•㊶癌症早期檢查法	廖松濤譯	120元
㊷維他命C新效果	鐘文訓譯	90元
㊸維他命與健康	鐘文訓譯	120元
•㊹秘法！超級仙術入門	陸明編譯	100元
㊺森林浴—綠的健康法	劉華亭編譯	80元
㊻四季色彩美容學	吳秀美譯	120元
㊼導引術入門⑷酒浴健康法	成玉主編	90元
㊽導引術入門⑸不老回春法	成玉主編	90元
㊾山白竹（劍竹）健康法	鐘文訓譯	90元
㊿解救你的心臟	鐘文訓編譯	100元
51牙齒保健法	廖玉山譯	90元
52超人氣功法	陸明編譯	110元
53超能力秘密開發法	廖松濤譯	80元
54借力的奇蹟⑴	力拔山著	100元
55借力的奇蹟⑵	力拔山著	100元
56五分鐘小睡健康法	呂添發撰	100元
57禿髮、白髮預防與治療	陳炳崑撰	100元
58吃出健康藥膳	劉大器著	100元
59艾草健康法	張汝明編譯	90元
60一分鐘健康診斷	蕭京凌編譯	90元
61念術入門	黃静香編譯	90元
62念術健康法	黃静香編譯	90元
63健身回春法	梁惠珠編譯	100元
64姿勢養生法	黃秀娟編譯	90元
65仙人瞑想法	鐘文訓譯	120元
66人蔘的神效	林慶旺譯	100元
67奇穴治百病	吳通華著	120元
68中國傳統健康法	靳海東著	100元
69下半身減肥法	納他夏・史達賓著	110元
70使妳的肌膚更亮麗	楊　皓編譯	100元
71酵素健康法	楊　皓編譯	120元
72做一個快樂的病人	吳秀美譯	100元
73腰痛預防與治療	五味雅吉著	100元
74如何預防心臟病・腦中風	譚定長等著	100元
75少女的生理秘密	蕭京凌譯	120元

⑯頭部按摩與針灸	楊鴻儒譯	100元
⑰雙極療術入門	林聖道著	100元
⑱氣功自療法	梁景蓮著	100元
⑲大蒜健康法	李玉瓊編譯	100元
⑳紅蘿蔔汁斷食療法	李玉瓊譯	100元
㉑健胸美容秘訣	黃靜香譯	100元
㉒鍺奇蹟療效	林宏儒譯	120元
㉓三分鐘健身運動	廖玉山譯	120元
㉔尿療法的奇蹟	廖玉山譯	120元
㉕神奇的聚積療法	廖玉山譯	120元
㉖預防運動傷害伸展體操	楊鴻儒編譯	120元
㉗糖尿病預防與治療	石莉涓譯	150元
㉘五日就能改變你	柯素娥譯	110元
㉙三分鐘氣功健康法	陳美華譯	120元
㉚痛風劇痛消除法	余昇凌譯	120元
㉛道家氣功術	早島正雄著	130元
㉜氣功減肥術	早島正雄著	120元
㉝超能力氣功法	柯素娥譯	130元
㉞氣的瞑想法	早島正雄著	120元

•家庭／生活• 電腦編號05

①單身女郎生活經驗談	廖玉山編著	100元
②血型・人際關係	黃靜編著	120元
③血型・妻子	黃靜編著	110元
④血型・丈夫	廖玉山編譯	130元
⑤血型・升學考試	沈永嘉編譯	120元
⑥血型・臉型・愛情	鐘文訓編譯	120元
⑦現代社交須知	廖松濤編譯	100元
⑧簡易家庭按摩	鐘文訓編譯	150元
⑨圖解家庭看護	廖玉山編譯	120元
⑩生男育女隨心所欲	岡正基編著	120元
⑪家庭急救治療法	鐘文訓編著	100元
⑫新孕婦體操	林曉鐘譯	120元
⑬從食物改變個性	廖玉山編譯	100元
⑭職業婦女的衣著	吳秀美編譯	120元
⑮成功的穿著	吳秀美編譯	120元
⑯現代人的婚姻危機	黃　靜編著	90元
⑰親子遊戲　0歲	林慶旺編譯	100元
⑱親子遊戲　1～2歲	林慶旺編譯	110元
⑲親子遊戲　3歲	林慶旺編譯	100元

⑳女性醫學新知	林曉鐘編譯	130元
㉑媽媽與嬰兒	張汝明編譯	150元
㉒生活智慧百科	黃　靜編譯	100元
㉓手相・健康・你	林曉鐘編譯	120元
㉔菜食與健康	張汝明編譯	110元
㉕家庭素食料理	陳東達著	100元
㉖性能力活用秘法	米開・尼里著	130元
㉗兩性之間	林慶旺編譯	120元
㉘性感經穴健康法	蕭京凌編譯	110元
㉙幼兒推拿健康法	蕭京凌編譯	100元
㉚談中國料理	丁秀山編著	100元
㉛舌技入門	增田豐　著	130元
㉜預防癌症的飲食法	黃静香編譯	120元
㉝性與健康寶典	黃静香編譯	180元
㉞正確避孕法	蕭京凌編譯	130元
㉟吃的更漂亮美容食譜	楊萬里著	120元
㊱圖解交際舞速成	鐘文訓編譯	150元
㊲觀相導引術	沈永嘉譯	130元
㊳初為人母12個月	陳義譯	130元
㊴圖解麻將入門	顧安行編譯	130元
㊵麻將必勝秘訣	石利夫編譯	130元
㊶女性一生與漢方	蕭京凌編譯	100元
㊷家電的使用與修護	鐘文訓編譯	130元
㊸錯誤的家庭醫療法	鐘文訓編譯	100元
㊹簡易防身術	陳慧珍編譯	130元
㊺茶健康法	鐘文訓編譯	130元
㊻如何與子女談性	黃静香譯	100元
㊼生活的藝術	沈永嘉編著	120元
㊽雜草雜果健康法	沈永嘉編著	120元
㊾如何選擇理想妻子	荒谷慈著	110元
㊿如何選擇理想丈夫	荒谷慈著	110元
(51)中國食與性的智慧	根本光人著	150元
(52)開運法話	陳宏男譯	100元
(53)禪語經典＜上＞	平田精耕著	150元
(54)禪語經典＜下＞	平田精耕著	150元
(55)手掌按摩健康法	鐘文訓譯	150元
(56)脚底按摩健康法	鐘文訓譯	150元
(57)仙道運氣健身法	高藤聰一郎著	150元
(58)健心、健體呼吸法	蕭京凌譯	120元
(59)自彊術入門	蕭京凌譯	120元
(60)指技入門	增田豐著	130元

㊉下半身鍛鍊法	增田豐著	150元
㊇表象式學舞法	黃靜香編譯	180元
㊎圖解家庭瑜伽	鐘文訓譯	130元
㊍食物治療寶典	黃靜香編譯	130元
㊏智障兒保育入門	楊鴻儒譯	130元
㊐自閉兒童指導入門	楊鴻儒譯	150元
㊑乳癌發現與治療	黃靜香譯	130元
㊒盆栽培養與欣賞	廖啟新編譯	150元
㊓世界手語入門	蕭京凌編譯	150元
⑰賽馬必勝法	李錦雀編譯	200元
⑰中藥健康粥	蕭京凌編譯	120元
⑰健康食品指南	劉文珊編譯	130元
⑰健康長壽飲食法	鐘文訓編譯	150元
⑰夜生活規則	增田豐著	120元
⑰自製家庭食品	鐘文訓編譯	180元
⑰仙道帝王招財術	廖玉山譯	130元
⑰「氣」的蓄財術	劉名揚譯	130元
⑰佛教健康法入門	劉名揚譯	130元
⑰男女健康醫學	郭汝蘭譯	150元
⑰成功的果樹培育法	張煌編譯	130元
⑰實用家庭菜園	孔翔儀編譯	130元
⑰氣與中國飲食法	柯素娥編譯	130元
⑰世界生活趣譚	林其英著	160元
⑰胎教二八〇天	鄭淑美譯	元

•命理與預言• 電腦編號06

①星座算命術	張文志譯	120元
②九星術（中國正統占卜術）	水雲居士編著	80元
③圖解命運學	陸明編著	100元
④中國秘傳面相術	陳炳崑編著	110元
⑤輪迴法則（生命轉生的秘密）	五島勉著	80元
⑥命名彙典	水雲居士編著	100元
⑦簡明紫微斗術命運學	唐龍編著	130元
⑧住宅風水吉凶判斷法	琪輝編譯	120元
⑨鬼谷算命秘術	鬼谷子著	120元
⑩中國算命占星學	陸明編譯	120元
⑪命運週期律	五島勉著	55元
⑫簡明四柱推命學	李常傳編譯	150元
⑬性占星術	柯順隆編譯	80元
⑭十二支命相學	王家成譯	80元

國立中央圖書館出版品預行編目資料

佛法實用嗎？／劉欣如著　--初版　--臺北市
：大展，民82
面；　公分　--（心靈雅集；42）
ISBN 957-557-402-8（平裝）

1. 佛教—教化法

225　　　　　　　　　　　　82007996

ISBN 957-557-402-8

佛法實用嗎？

著　者／劉欣如
發行人／蔡森明
出版者／大展出版社有限公司
社　址／台北市北投區（石牌）
致遠一路二段12巷1號
電　話／（02）8236031・8236033
傳　眞／（02）8272069
郵政劃撥／0166955－1
登記證／局版臺業字第2171號

法律顧問／劉鈞男律師
承印者／國順圖書印刷公司
電　話／（02）9677226
排版者／千賓電腦打字有限公司
電　話／（02）8836052
初　版／1993年（民82年）11月
定　價／140元

大展好書 好書大展

大展好書 好書大展